Considerações sobre
NULIDADES NO PROCESSO PENAL

N268c Nassif, Aramis.
Considerações sobre nulidades no processo penal / Aramis Nassif, Samir Hofmeister Nassif. – 2. ed. rev. e atual. – Porto Alegre: Livraria do Advogado Editora, 2012.
104 p. ; 21 cm.
Inclui bibliografia.
ISBN 978-85-7348-815-9

1. Processo penal. 2. Nulidade (Direito). 3. Atos jurídicos. I. Nassif, Samir Hofmeister. II. Título.

CDU 343.1
CDD 341.432

Índice para catálogo sistemático:
1. Processo penal   343.1

(Bibliotecária responsável: Sabrina Leal Araujo – CRB 10/1507)

Aramis Nassif
Samir Hofmeister Nassif

Considerações sobre
NULIDADES NO PROCESSO PENAL

2ª edição
revista e atualizada

Porto Alegre, 2012

©
Aramis Nassif
Samir Hofmeister Nassif
2012

Capa, projeto gráfico e diagramação
Livraria do Advogado Editora

Revisão
Rosane Marques Borba

Direitos desta edição reservados por
Livraria do Advogado Editora Ltda.
Rua Riachuelo, 1338
90010-273 Porto Alegre RS
Fone/fax: 0800-51-7522
editora@livrariadoadvogado.com.br
www.doadvogado.com.br

Impresso no Brasil / Printed in Brazil

UMA HOMENAGEM

Esta edição é uma homenagem à AACPLAM (ASSOCIAÇÃO DOS ADVOGADOS CRIMINALISTAS DO PLANALTO MÉDIO), que se tornou, pela consciência e sensibilidade de seus integrantes, um núcleo de defesa das garantias constitucionais do processo e um foro de debates em torno do processo penal moderno e garantista.

AGRADECIMENTOS

Agradeço à minha esposa – Prof. NYCIA NEGRÃO NASSIF – que, generosamente, deu-me condições para desenvolver este estudo com seu companheirismo e paciência, mesmo em momentos de enfermidade grave.

Ao Dr. SAMIR HOFMEISTER NASSIF, pela parceria e pesquisa responsável e competente, deixando o texto mais qualificado.

UMA EMOÇÃO

BERNARDO, quinta parcela com as quais meus filhos contribuíram para tornar o mundo melhor. Seja bem vindo, meu "esquimozinho". Vá correr, gritar, rir e brincar com o Lorenzo, Gonçalo, Santiago e Giordano para encher de ritmo, sons e alegria minha vida.

Sumário

Apresentação..11
1. Introdução...15
   1.1. Breve advertência..15
   1.2. Algumas observações iniciais...17
2. Conceitos e natureza jurídica das nulidades.......................20
3. Nulidade e tipicidade dos atos jurídicos.............................22
4. Espécies de atos jurídicos viciados......................................23
   4.1. Ato jurídico inexistente...23
   4.2. Ato irregular...24
   4.3. Ato nulo..25
5. Classificação das nulidades conforme o vício do ato..........26
   5.2. Irregularidade...27
   5.3. Nulidade relativa..28
   5.4. Nulidade absoluta..30
   5.5. Inexistência do ato...31
6. Efeitos das nulidades...34
7. Sistema de verificação das nulidades..................................35
8. Princípios básicos das nulidades no sistema do CPP..........37
   8.1. Princípio do prejuízo..37
   8.2. Princípio da instrumentalidade das formas e princípio da economia processual..39
   8.3. Princípio da causalidade (causação) ou da sequencialidade..........40
   8.4. Princípio do interesse...41
   8.5. Princípio da convalidação..41
8. Momento oportuno para arguição das nulidades (relativas)..............45
   8.1. Conforme o art. 571 e incisos, CPP, devem ser alegadas..................45
   8.2. Consideram-se sanadas...46
   8.3. Convalidações especiais...46
   8.4. Nota..46
   8.5. Recurso...47
   8.6. Preclusão..47

9. Nulidades em espécie............48
9.1. Inciso I: por incompetência, suspeição/suborno do Juiz............48
9.1.1. Incompetência............48
9.1.2. A suspeição e suborno do Juiz............53
9.2. Art. 564, inciso II: ilegitimidade de parte............56
10. Art. 564, Inciso III: falta de fórmulas, atos ou outras exigências contidas na lei............59
10.1. Alínea "a": a denúncia ou a queixa e a representação, e nos processos das contravenções penais, a portaria ou o auto de prisão em flagrante............59
10.1.1. Denúncia, queixa e representação............62
10.1.2. Auto de prisão em flagrante............64
10.2. Alínea "b": o exame de corpo de delito nos crimes que, ressalvado o disposto no artigo 167, CPP, deixam vestígios............65
10.3. Alínea "c": a nomeação de defensor ao réu presente, que não o tiver, ou ao ausente, e de curador ao réu menor de 21 (vinte e um) anos............68
10.4. Alínea "d": a intervenção do Ministério Público em todos os termos da ação penal pública por ele intentada e nos da intentada pela parte ofendida, quando se tratar de crime de Ação Pública............70
10.5. Alínea "e": a citação do réu para ver-se processar, o seu interrogatório, quando presente, e os prazos concedidos à acusação e à defesa............72
10.5.1. Citação............72
10.5.2. A falta de interrogatório do acusado............76
10.5.3. Prazos............77
10.6. Alínea "f": a sentença de pronúncia, o libelo e a entrega da respectiva cópia, com rol de testemunhas, nos processos perante o tribunal do júri............78
10.6.1. Decisão de pronúncia............78
10.7. Alínea "g": falta de intimação do réu para julgamento no júri............81
10.8. Alínea "h": falta de intimação de testemunhas arroladas no libelo ou na contrariedade............81
10.9. Alínea "i": presença de pelo menos 15 (quinze) jurados para a constituição do júri............82
10.10. Alínea "j": o sorteio dos jurados do conselho de sentença em número legal e sua incomunicabilidade............83
10.10.1. Sorteio dos jurados............83
10.10.2. Incomunicabilidade dos jurados............83
10.11. Alínea "k": os quesitos e as respectivas respostas............84
10.12. Alínea "l": a acusação e a defesa, na sessão de julgamento............86
10.13. Alínea "m": a sentença............87
10.13.1. Requisitos da sentença............88
10.13.2. Vícios da sentença............89
10.14. Alínea "n": o recurso de ofício nos casos em que a lei o tenha estabelecido............90

10.15. Alínea "o": a intimação, nas condições estabelecidas pela lei, para ciência das sentenças e despachos de que caiba recurso..................93

10.16. Alínea "p": no Supremo Tribunal Federal e nos Tribunais de Apelação, o *quorum* legal para julgamento...............................95

11. Art. 564, Inciso IV – omissão de formalidade essencial.....................97

12. Art. 564, parágrado único: nulidade, por deficiência dos quesitos ou respostas, e contradições entre estas..98

13. Nota final..100

Bibliografia...103

Apresentação

Estou reeditando meu despretensioso trabalho sobre nulidades no processo penal e, com o mesmo espírito do original, não o faço iludido de que seja uma obra erudita, mas, sim, que seja objetiva, direcionada, especialmente, aos meus alunos e concursandos que pretendem seguir carreira jurídica, sem prejuízo de sua utilidade a todos os operadores do direito. Todavia, mesmo com sua singeleza, o conteúdo é responsável e irremissivelmente comprometido com as garantias constitucionais do processo e, daí, as críticas pontuais, especialmente quando se surpreende no sistema de invalidades brasileiro rompimentos com preceitos da Carta Maior.

Importa registrar, ainda, o desânimo em relação à propalada chegada de um novo Código processual, mesmo ciente do projeto PLS 156, que passou pelo Senado, foi remetido à Câmara dos Deputados, em 23/03/2011, onde tramita. No que diz com as nulidades, o referido projeto altera a disposição topográfica, reduz o número de artigo, mas não altera a atual carga principiológica.[1] Tenho como

---

[1] Texto do Capítulo sobre nulidades no Projeto 156 – Código de Processo Penal – em tramitação na Câmara dos Deputados:
CAPÍTULO IV – Das Nulidades
Art. 156. O descumprimento de disposição legal ou constitucional provocará a invalidade do ato do processo ou da investigação criminal, nos limites e na extensão previstos neste Código.
Art. 157. A decretação de nulidade e a invalidação de ato irregular dependerão de manifestação específica e oportuna do interessado, sempre que houver necessidade de demonstração de prejuízo ao pleno exercício de direito ou de garantia processual da parte, observadas as seguintes disposições:

certo que sua tramitação vai ser lenta e não será tão cedo que teremos um novo e necessário CPP. Aguardaremos atentos, para, oportunamente, promovermos novos comentários.

Mantenho a convicção de que o objetivo mais importante do sistema de nulidades é o de limitar o poder punitivo do Estado, impedindo o arbítrio que com a tipificação

I – nenhum ato será declarado nulo se da irregularidade não resultar prejuízo para a acusação ou para a defesa;
II – não se invalidará o ato quando, realizado de outro modo, alcance a mesma finalidade da lei, preservada a amplitude da defesa.
Art. 158. Serão absolutamente nulos e insanáveis os atos de cuja irregularidade resulte violação dos direitos e garantias fundamentais do processo penal, notadamente no que se refere:
I – à observância dos prazos;
II – à observância do contraditório e da ampla defesa;
III – às regras de impedimento;
IV – à obrigatoriedade de motivação das decisões judiciais;
V – às disposições constitucionais relativas à competência.
§ 1º São absolutamente nulas as medidas cautelares ordenadas por juiz ou tribunal constitucionalmente incompetente.
§ 2º Em se tratando de incompetência territorial, as medidas cautelares poderão ser ratificadas ou, se for o caso, renovadas pela autoridade competente.
§ 3º O juiz não declarará a nulidade quando puder julgar o mérito em favor da defesa.
Art. 159. A parte não poderá arguir nulidade a que haja dado causa ou para a qual tenha concorrido, ou referente a formalidade cuja observância só interesse à parte contrária, ressalvada a função custos legis do Ministério Público.
Art. 160. Reconhecida a incompetência territorial, serão anulados os atos de conteúdo decisório, podendo o juiz competente ratificar os demais, observado o disposto no § 2º do art. 158.
Parágrafo único. Reconhecida a incompetência absoluta, serão anulados todos os atos do processo, inclusive a denúncia.
Art. 161. A falta ou a nulidade da citação, da intimação ou da notificação estará sanada, desde que o interessado compareça antes de o ato consumar-se, embora declare que o faz para o único fim de argui-la. O juiz ordenará, todavia, a suspensão ou o adiamento do ato, quando reconhecer que a irregularidade poderá prejudicar direito da parte.
Art. 162. As nulidades que dependam de provocação dos interessados deverão ser arguidas até as alegações finais. As posteriores deverão ser alegadas na primeira oportunidade.
Art. 163. A nulidade de um ato do processo, uma vez declarada, causará a dos atos que dele diretamente dependam ou sejam consequência, ressalvadas as hipóteses previstas neste Código.
Art. 164. O juiz que pronunciar a nulidade declarará os atos a que ela se estende, ordenando as providências necessárias para a sua retificação ou renovação.

dos atos processuais e a prescrição legal das formas, que acaba sendo um dos meios mais eficazes para realizar esse ideal, pois "de este modo se evita el fantasma tan temido del accionar de los poderes del Estado que, con arbitrariedad y en un marco de indefensión, pueden conducir a un ciudadano inocente al cumplimiento de una severa pena" (Desimoni, Tarantini, 1998).

Por outro lado, estou convencido de que a distinção entre nulidades absolutas e relativas é, hoje, simples recurso retórico, vez que a jurisprudência brasileira cada vez mais se preocupa em aplicar o princípio do prejuízo, prestigiando com rompimento de paradigmas doutrinários importantes a regra do *pas de nullité sans grief*, o que pode ser exemplificado em decisões como a que segue:

[...] o Supremo Tribunal Federal acolhe o entendimento de que o princípio geral norteador das nulidades em Processo Penal – pas de nullité sans grief – é igualmente aplicável em casos de nulidade absoluta (STF – HC 85.155/SP, Rel. Min. Ellen Gracie, DJU 15.04.05).

Não discrepa da conclusão a doutrina mais importante. O festejado doutrinador Fernando da Costa Tourinho Filho (1986, p. 115) anota que:

[...] em matéria de nulidade, e para simplificar o rigorismo formal, foi adotado o princípio do "pas de nullité sans grief". Não há nulidade sem prejuízo. Para que o ato seja declarado nulo é preciso haja, entre a sua imperfeição ou atipicidade e o prejuízo às partes, um nexo efetivo e concreto. Se, a despeito de imperfeito, o ato atingiu o seu fim, sem acarretar-lhes prejuízo, não há cuidar-se de nulidade.[2]

A dificuldade que nossos operadores do direito têm em conviver com a perplexidade que algumas situações processuais anômalas provocam, acaba por levá-los a tomar o caminho mais fácil, que é o de romper com antigos preceitos que as preservariam.

---

[2] TOURINHO FILHO, Fernando da Costa. *Processo Penal*, v. 3. 17. ed. São Paulo: Saraiva, 1986, p. 115

Não há maior exemplo que a Súmula 160 do Supremo Tribunal Federal (É nula a decisão do tribunal que acolhe, contra o réu, nulidade não arguida no recurso da acusação, ressalvados os casos de recurso de ofício). Ao não distinguir a nulidade "não arguida" entre relativa e absoluta, acabou a Corte impedindo a declaração desta. Ou seja, a afirmação de que as absolutas não se convalidam (que é o entendimento pacífico na doutrina e na jurisprudência) está frontalmente contrariada no texto sumulado.

Mais: a referida Súmula reforça a necessidade de aplicação da tese do "ato inexistente" para situações juridicamente aberrantes e que provocam desconforto com sua manutenção se observados entendimentos tradicionais.

O respeitado processualista gaúcho Aury Lopes Júnior (2009, p. 385) critica com veemência a classificação, com o argumento de que a existência da categoria de nulidades relativas, a seu ver, seria prestadora de serviço ao punitivismo, mormente quando se converte, por esse interesse, nulidades absolutas em relativas. Sustenta o autor que *"a categoria de nulidade relativa é uma fraude processual a serviço do punitivismo"*.[3]

E, aqui, percebo, na criação da figura do "ato jurídico inexistente", que, em muitas oportunidades, supera o impasse com a vedação sumulada, produzindo uma mal disfarçada aplicação do princípio do *in dubio pro societate*.

São questões colocadas incidentalmente no texto para maiores reflexões.

---

[3] LOPES JÚNIOR, Aury. *Direito processual penal e sua conformidade constitucional*. v. 2. Rio de Janeiro: Lumen Juris, 2009.

# 1. Introdução

1.1. Breve advertência

Presentes os objetivos deste texto, oriento o estudo do sistema de invalidade pelo pensamento tradicional, ou seja, tal como vem sendo debatido na doutrina e na jurisprudência, vez que não estão consolidadas as novas orientações sobre a classificação das nulidades, especialmente acautelado pelo conservadorismo de nossos tribunais e demais instituições jurídicas em seus processos de seleção.

O estudo evoluirá de conceitos genéricos e questões teóricas para, adiante, alcançar situações práticas previstas legalmente ou geradas por decisões dos tribunais, elegendo para especial ênfase as dos Tribunais superiores (STF e STJ).

Um dos mais tormentosos temas para compreensão no estudo do direito processual penal é aquele que diz respeito às nulidades, haja vista a repercussão de seu decreto para o réu, órgão acusador, defensores e, mesmo, para o magistrado, enfim, para o processo. Mas, na relação antagônica mantida entre a acusação e a defesa, aquela buscando um título executivo penal, esta, o impedimento de sua constituição seja pela absolvição, seja pela extinção da punibilidade, encontra-se a moldura de todo o embate judicial. A declaração nulificadora afetará, inevitavelmente, o interesse das partes.

O sistema de nulidades, se bem estruturado no Código de Processo Penal, sofre, na prática, constantes abalos em face das variadas interpretações de seus objetivos e carga teleológica, como registrada na apresentação.

Atualmente, os tribunais inclinam-se por conferir validez a atos defeituosos, reservando que sejam declaradas nulidades aos defeitos com real importância no contexto processual, atentos a que não se deve declarar a invalidade tão só pelo interesse da lei ou para simplesmente assegurar a forma. Está estabelecida a preponderância dos impedimentos de declaração ou arguição da nulidade. Ela só será declarada se o ato não puder ser aproveitado, conforme os princípios que o Código adota.

A verdade é, todavia, que não se pode liberar o processo da tipologia dos atos processuais, pena de autorizar a arbitrariedade do Estado, que poderia ter como consequência o desrespeito dos direitos constitucionais do processado, especialmente a plenitude do exercício defensivo.

A inteligência e argúcia do renomado autor Fauzi Hassan Choukr (2009, p. 881), ao comentar sobre a importância do sistema de nulidades, permitiu-lhe observar que "... destacar um aspecto que, embora possa ser considerado presente em toda a discussão sobre o tema nulidade, nem sempre é afirmado expressamente: o valor do sistema de nulidades para a consolidação dos primados do Estado Social e Democrático de Direito no Processo Penal".[4]

A reforma processual penal de 2008 não alcançou o Título I do Livro III do Código de Processo Penal, mantendo, assim, o sistema de nulidades original. É verdade que a reforma introduziu nulidade fora do capítulo destinado

---

[4] CHOUKR, Fauzi Hassan. *Código de Processo Penal – Comentários Consolidados e Crítica Jurisprudencial*. Rio de Janeiro: Lumen Juris, 2009.

ao tema em estudo, como, por exemplo, no art. 478 do diploma processual.[5]

Mas, também, a verdade é que as reformas no sistema, com a lentidão característica nos processos de rupturas do pensamento conservador, incidem mais nas decisões dos tribunais superiores do que na doutrina nacional ou mesmo na lei.

Menos mal que o sistema de nulidades, ainda em sua forma original, tem boa aceitação, cuidando-se apenas de adequá-lo ao moderno sistema garantista do processo penal.

1.2. Algumas observações iniciais

O estudo das nulidades leva à identificação do descuido com que doutrinadores tratam os vocábulos "sanação" e "convalidação", empregando o mesmo conceito técnico-jurídico para ambos.

Basta rápida leitura do Dicionário Aurélio,[6] um dos mais, senão o mais respeitado entre os brasileiros, para esclarecer a substancial distinção entre as duas palavras na linguagem leiga, que, evidentemente, contamina a jurídica: O verbo *sanar* corresponde a *tornar são; curar, sarar*. Numa segunda ordem conceitual, significa *remediar, atalhar, desfazer*.

Já a palavra "convalidar" significa *tornar válido (um ato jurídico a que faltava algum requisito), em vista da super-*

---

[5] Art. 478. Durante os debates as partes não poderão, *sob pena de nulidade*, fazer referências: (Redação dada pela Lei nº 11.689, de 2008). I – à decisão de pronúncia, às decisões posteriores que julgaram admissível a acusação ou à determinação do uso de algemas como argumento de autoridade que beneficiem ou prejudiquem o acusado; (Incluído pela Lei nº 11.689, de 2008) II – ao silêncio do acusado ou à ausência de interrogatório por falta de requerimento, em seu prejuízo. (Incluído pela Lei nº 11.689, de 2008).
[6] DICIONÁRIO AURÉLIO. Sec. XXI, 3.0. Versão eletrônica

veniência de nova lei que aboliu exigência. Ou restabelecer a validade ou eficácia de (ato ou contrato).

Não discrepa da definição leiga a jurídica, aqui representada pela Enciclopédia Jurídica Soibelmann,[7] que propõe a seguinte interpretação para os termos:

Sanabilidade: Purificar o ato de seus defeitos ou vícios. Tornar válido. Corrigir para que tenha validade. Extinção dos defeitos do ato jurídico. Sanar.

Convalidação: (...) Dar validade ou recuperar o ato jurídico anulável. Convalescimento do ato. Convalescença. No direito brasileiro, usa-se mais de "ratificação", mas há autores que criticam esse uso porque acham que ratificação só se aplicaria no caso do mandante aceitar o negócio feito pelo mandatário sem poderes. B. G. Stolfi, Teoria del negocio juridico. *Revista de Derecho Privado.* Madri. 1959.

Da leitura do texto legal é fácil concluir que o legislador adotou a palavra *sanação* como sendo a medida tomada para expurgar o vício do contexto processual, eliminando ou renovando o ato viciado. Convalidação, de sua parte, não significa mais que admitir e manter o ato viciado ou defeituoso entre os demais para tê-lo definitivamente integrado no complexo processual e, por isto, torná-lo válido como os demais, ou melhor, *conválido* com os demais. O vício/defeito é desconsiderado, e o ato perpetua-se como qualquer outro juridicamente hígido na cadeia dos praticados no feito.

Interessante observar que o conceito de sanatória foi criticado por muitos autores, entre eles Carnelutti (2004), para quem era mais oportuno referir apenas à convalidação do ato imperfeito ou viciado.

Deve o estudioso atentar que o CPP nem sempre traça a distinção. Assim, na leitura do art. 572, observa-se que

---
[7] SOIBELMANN, Enciclopédia Jurídica. Edição eletrônica

"as nulidades previstas no art. 564, Ill, d e e, segunda parte, g e h, e IV, considerar-se-ão *sanadas*". Mas já no inciso I está determinado que "se não forem arguidas, em tempo oportuno, de acordo com o disposto no artigo anterior", ou seja, não se trata de sanação e, sim, de convalidação.

2. Conceitos e natureza jurídica das nulidades

Vencidas por interpretações atuais, as alusões à ineficácia, invalidade ou inexistência do ato jurídico já não são mais aceitas pacificamente pela doutrina brasileira.

Fonte de especial divergência entre os doutrinadores são conceituadas as nulidades como defeito, sanção, e, conforme moderna orientação, apresentando dúplice natureza. Entre eles, Ada Pellegrini Grinover (2009), para quem a nulidade é motivo da imperfeição e expressão das consequências da imperfeição.

Para José Frederico Marques (1980),[8] a nulidade é uma sanção que, no processo penal, atinge a instância ou o ato processual que não estejam de acordo com as condições de validade impostas pelo Direito objetivo. Comunga deste entendimento Hélio Tornaghi (1981).[9]

Entende-se que a nulidade é a **sanção** pela ineficácia, ao contrário de Carnelutti, que não a admitia com o caráter sancionatório.[10]

Alguns, como o gaúcho Paulo Cláudio Tovo (1988),[11] entendem que ela é um *defeito*, sustentando que as normas jurídicas pautam o dever-ser, cuja violação implica a imprestabilidade do ato.

---

[8] MARQUES, José Frederico. *Tratado de Direito Processual Penal*. São Paulo: Saraiva, 1980.

[9] TORNAGHI, Hélio. *Curso de Processo Penal*. São Paulo: Saraiva, 1981.

[10] Obra citada, p. 185.

[11] TOVO, Paulo Cláudio. *Nulidades no Processo Penal Brasileiro – novo enfoque e comentário*. Porto Alegre: Sergio Fabris, 1988.

Registra-se o entendimento de Carnelutti (2004) ao referir-se à natureza das nulidades como aquela declarada se reconhecidos atos processuais imperfeitos, contrários aos perfeitos, vez que estes sempre são eficazes, cumprem a determinação formal em abstrato, com satisfação dos requisitos legais correspondentes. Aqueles, ainda que eventualmente possam ser eficazes – tudo se resolve na dimensão do defeito ou deficiência e sua repercussão – são os que descumprem parcial ou totalmente o modelo tipificado na norma adjetiva. Para ele, a imperfeição é um conceito intermediário entre a perfeição e a existência do ato.

Importante registrar que atualmente a função da nulidade-sanção não é a de assegurar o cumprimento das formas por si e em si mesmas, mas de manter sua teleologia, qual seja, alcançar os fins das formalidades previstas em lei.

3. Nulidade e tipicidade dos atos jurídicos

O processo, sabidamente, é uma atividade típica, ou seja, os atos jurídicos processuais são definidos, quanto à sua forma, pelo legislador, mais especificamente no Código de Processo Penal (ato jurídico corresponde ao suporte fático ordenado juridicamente).

Assim, é possível afirmar que os atos válidos são os iguais ao modelo legal; os inválidos são os que dele diferem.

Evidencia-se que, quanto mais distante da forma tipificada, mais difícil de correção (sanção ou convalidação) o ato viciado.

A doutrina, em sentido geral, entende que a tipicidade formal é garantia:

a) para as partes, como partícipes para formação do convencimento do juiz;

b) para o juiz, como meio para alcançar a verdade real.

A atipicidade ou omissão do ato jurídico seria sancionada conforme a gravidade do defeito, na mesma proporção do desvio de tipo, ou seja, do modelo abstratamente descrito na lei, conforme se verá no tanto que se refira neste texto, a respeito da classificação das nulidades.

4. Espécies de atos jurídicos viciados

O ato jurídico processual é integrado por vários elementos estruturais, pois é uma declaração de vontade, incidente diretamente no processo, compondo-se de um elemento subjetivo – conteúdo – e de um elemento objetivo, ou seja, forma. Aquele, como elemento interno, vem regulado pela lei quanto a sua causa, intenção e objeto; a forma é o elemento externo pela qual a vontade se manifesta, estando regulada pela lei processual seu modo, lugar e tempo (prefiro dizer "oportunidade") para sua prática e, daí, sua eficácia. Por fim, compõe-se de uma base jurídica que confere o poder de praticá-lo a determinado operador processual.

Dessa estruturação conceitual, podem ser classificados os atos jurídicos processuais em:

4.1. Ato jurídico inexistente

Essa figura não tem previsão legal no CPP. Caracteriza-se pela falta de elemento exigido pela lei, desnaturando juridicamente o ato. Viola-se com relevância máxima, de maneira tão grave a forma que passa a ser considerado juridicamente inexistente. O ato pode existir de fato, mas para efeitos do direito ele é desprezado, não tem significado ou não existe (v.g. laudo técnico sem assinaturas dos peritos). Pode, também, simplesmente não existir materialmente (ausência de contrarrazões de recurso ministerial).

Os atos que tais não têm convalidação apenas inexistem. São não atos. São exemplos clássicos a sentença assinada pelo Escrivão ou por Juiz sem jurisdição etc. Pacelli de Oliveira (2009, p. 695) alerta que:

> [...] os atos inexistentes não só não produzem efeitos, como também não poderão ser convalidados. E isso por uma razão simples e de ordem lógica: a convalidação, nesse caso, seria a própria instituição do ato, sem qualquer efeito pretérito. Em conclusão: faltam aos atos inexistentes elementos essenciais para a produção de quaisquer consequências jurídicas, o que não ocorrerá com os atos nulos, ora passíveis de convalidação, ora a exigir sua repetição, com proveito de alguns de seus efeitos.[12]

Para Carnelutti (2004), neste (ato inexistente), há uma falta total dos requisitos do ato, esclarecendo que o ato inexistente é, verdadeiramente, um *não ato*, ou seja, não é um ato nem perfeito nem imperfeito, já que o ato imperfeito, se não é um ato perfeito, pelo menos é um ato.

4.2. Ato irregular

A hipótese contempla uma atipicidade irrelevante, cujo defeito afasta-se muito pouco do núcleo típico. Trata-se de defeito de proporções mínimas, seu provocar nulidade.

Apesar do defeito ou vício, estes têm relevância mínima, não afeta eficácia do ato (v.g. denúncia fora de prazo). Existe a inobservância de formalidade que não resulta em nulidade.

Francesco Carnelutti (1950, p. 182) advertia que:

> [...] sistematizar con cuidado los conceptos relativos a la imperfección de los actos jurídicos, debe atribuir a ellos un valor específico, que implica la imperfección pero que excluye la ineficacia, y llamar por tanto,

---

[12] OLIVEIRA, Eugênio Pacelli de. *Curso de Processo Penal*. 11. ed. Rio de Janeiro: Lumens Juris, 2009, p. 695.

irregular a un acto jurídico y, particularmente a un acto procesal cuando está afectado por un vicio que no excluye su eficacia.

4.3. Ato nulo

É aquele em que a falta de adequação ao tipo legal pode levar ao reconhecimento de sua inaptidão para produzir efeitos no mundo jurídico (Ada Pellegrini Grinover *et alii*, 2011. p. 21). Ex. Ausência de recurso de ofício, quando obrigatória sua interposição.

Os nulos dividem-se em absolutamente nulos e relativamente nulos.

a) Ato absolutamente nulo:

É o ato sem sanação e cuja nulidade pode ser arguida a qualquer tempo. Não depende da prova do prejuízo e o interesse, por ser público, é presumido ou implícito.

b) Ato relativamente nulo:

Tal ato admite sanação, mas a nulidade deve ser arguida em tempo certo. Desafia a demonstração de prejuízo, e o interesse é o privado das partes.

5. Classificação das nulidades conforme o vício do ato

No Código de Processo Penal, a verificação de uma nulidade como absoluta ou relativa é a afirmação no texto legislativo se o ato viciado pode ser sanado, o que se faz diante da perspectiva da norma quanto à sua preclusão. O art. 571 trata das oportunidades para a arguição da nulidade (pena de preclusão), e o art. 572 implementa o dispositivo, dispondo as nulidades sujeitas à convalidação (ainda que a norma expresse "sanadas"), as nulidades previstas no art. 564, III, *d* e *e*, segunda parte, *g* e *h*, e IV. Pelo simples processo de exclusão, é certo que, pelo CPP, são nulidades absolutas as previstas nos incisos I, II, III, letras "a", "b", "c", d, primeira parte, "e", primeira e terceira partes, "f"," i", "j", "k", ""l, "m", "n", "o", "p" do art. 564.

Registre-se que, com exame e observação dos atos jurídicos imperfeitos ou viciados, chega-se à nulidade correspondente, a ser judicialmente declarada, havendo, por isto mesmo, similitude com a classificação supra.

O ato defeituoso somente deixará de produzir efeitos com a declaração judicial da nulidade (sanção da ineficácia). Sem esta manifestação pelo juiz ou Tribunal, ela subsistirá, convalidada. Se não, ele, ainda que contaminado por vícios e defeitos, continuará a produzir efeitos. O exemplo pode ser extraído na aplicação do princípio da *ne reformatio in pejus* em ocorrência indireta. É que, na hipótese de recurso exclusivo da defesa ou que o Ministério Público não tenha recorrido quanto à pena, a nulidade será proclamada em segundo grau. Todavia, a sentença anulada continuará produzindo efeitos no que diz respeito à pena, limitando o novo apenamento, que passa a ser balizado pela sanção da sentença anulada. Ou seja, o juiz da nova sentença terá que respeitar o limite da pena anterior, não podendo ultrapassá-la. Ficou estabelecido novo patamar abstrato, desprezada, inclusive, a cominação legal para o tipo penal da condenação do agente.

A distinção mais conhecida, cujo sentido fica melhor compreendido, é o que se refere à nulidade absoluta e a relativa, em que pese, atualmente, existir forte tendência a reconhecer apenas a nulidade relativa, mesmo com veemente reação de setores da doutrina, onde se destaca o processualista Aury José Lopes Junior, anteriormente citado.

Para o doutrinador italiano Giovani Leone (1963), ao afastar-se o operador de direito na prática do ato processual da forma idealizada pela lei, haverá desobediência que pode, ou não, tornar ineficaz o ato. Poderá, segundo o autor, provocar um vício de relevância mínima (irregularidade), ou máxima (inexistência) e, entre estes extremos, localiza as nulidades (relativas ou absolutas).

Assim, as imperfeições podem estar classificadas como:

5.2. Irregularidade

De conserto tão simples que não é considerada nulidade.

Inobservância de exigências formais irrelevantes de caráter infraconstitucional sem a geração de prejuízo. Mesmo com ela, o ato atinge seus efeitos e a sua finalidade. Da leitura do art. 564, IV, do Código de Processo Penal, conclui-se que o ato irregular não é invalidado porque a formalidade desatendida não lhe era essencial. Exemplo: denúncia oferecida fora do prazo.

Carnelutti (1950, p. 183), que teve preocupação especial com as nulidades (imperfección), lembra que:

> [...] sistematizar con cuidado los conceptos relativos a la imperfección de los actos jurídicos, debe atribuir a ellos un valor específico, que implica la imperfección pero que excluye la ineficacia, y llamar por tanto, irregular a un acto jurídico y, particularmente a un acto procesal cuando está afectado por un vicio que no excluye su eficacia.

Trata-se da inobservância de formalidade estabelecida em norma infraconstitucional, vez que, se constitucional fosse, ocorreria nulidade absoluta que não poderia deixar de ser reconhecida. O ato viciado é de exigência sem relevância alguma para o processo, e sua declaração eventual não visaria a garantir interesse das partes.

5.3. Nulidade relativa

As nulidades relativas são as sanáveis e/ou convalidáveis, sendo certo que o sistema de nulidades do Código de Processo Penal opera com o objetivo de evitar sua declaração e, mesmo, sua própria arguição.

Esta nulidade será declarada primordialmente no interesse das partes, para o efeito de evitar seu prejuízo no processo.

Ocorre quando há descumprimento de formalidade essencial ao ato, estabelecida no interesse predominante das partes. Por isso, a nulidade do ato fica condicionada à demonstração do prejuízo e à arguição do vício no momento processual oportuno.

Caracterizam-na o fato de que deve ser alegada em tempo determinado, pena de convalidação, e tão somente por quem não lhe deu causa, vez que prepondera, para sua decretação, o interesse privado.

Existe corrente doutrinária que entende que a nulidade relativa não deve ser decretada *ex officio* (Bento de Faria), mas no direito moderno tal postura é inaceitável, haja vista a responsabilidade que tem o juiz com uma sentença que derive de regular e hígido processamento da ação penal.

São relativas, de acordo com o art. 572 do CPP, as nulidades acarretadas pela:

a) falta de intervenção do Ministério Público em todos os termos da ação penal;

b) falta de prazos concedidos à acusação e à defesa;

c) falta de intimação do réu para julgamento perante o Júri;

d) falta de intimação das testemunhas para a sessão de julgamento;

e) falta de formalidade que constitua elemento essencial do ato.

Conforme forte orientação doutrinária e jurisprudencial, as nulidades relativas não devem ser declaradas de ofício pelo juiz do processo, mas, adverte Badaró (2007, p. 181) que:

> Excepcionalmente, com relação à nulidade decorrente de incompetência relativa, que tem sido considerada hipótese de nulidade relativa pela doutrina, o CPP, em seu art. 109, admite a decretação da nulidade de ofício, pelo juiz. De outro lado, o art. 502, caput, do CPP estabelece que, ao receber os autos para sentença, o juiz "poderá ordenar diligências para sanar qualquer nulidade ou suprir falta que prejudique o esclarecimento da verdade". Assim, a qualquer mo mento, reconhecendo a ocorrência de algum vício capaz de originar uma nulidade relativa, o juiz poderá e deverá determinar as providências necessárias para sanar o ato viciado. Isso não significa, porém, que o juiz poderá, de ofício, declarar nulidades relativas não arguidas pelas partes. Somente se a nulidade ainda não foi sanada, em especial pela preclusão temporal (CPP, art. 572, inciso I), é que poderão ser corrigidas pelo juiz. Contudo, uma vez sanada a nulidade, o vício desaparece e o juiz não mais

deverá ordenar diligências para saná-la: não haverá mais nulidade e o juiz não precisará mandar saná-la.

5.4. Nulidade absoluta

É a que existe de direito e que deve ser declarada de ofício pelo juiz, em todo o momento que se lhe conheça e em qualquer grau de jurisdição. Pode ser denunciada por qualquer operador do processo.

Ocorre quando há descumprimento de formalidade essencial ao ato, estabelecida no interesse irremissivelmente público. Incide pela atipicidade na prática do ato em relação à norma.

O juiz deve reconhecê-la em qualquer fase do processo, independentemente de provocação ou da vontade das partes. Presume-se o prejuízo.

Será sempre absoluta quando houver violação a princípio constitucional do processo (ampla defesa, contraditório, juiz natural, publicidade e motivação das decisões do Poder Judiciário etc.).

Caracterizam as nulidades absolutas a possibilidade de serem decretadas de ofício, independentemente de provocação das partes, ou pode ser invocada a qualquer tempo. Lembra-se que as nulidades absolutas podem ser alegadas até mesmo após consumada a *res judicata*, tal como possibilitado pela ação de revisão criminal.

Não são convalidáveis, e as partes dela não detêm disponibilidade, haja vista o interesse público em sua decretação.

São consideradas nulidades absolutas, pela dicção da lei e por exclusão, pois são insanáveis e não precisam ser alegadas as previstas nos incisos I, II, III, letras "a", "b", "c", d, primeira parte, "e", primeira e terceira partes, "f"," i", "j", "k", ""l, "m", "n", "o", "p" do art. 564, CPP.

5.5. Inexistência do ato

O ato inexistente (juridicamente) mais não é que uma criação da doutrina da jurisprudência para tentar superar situações e impasses criados por situações que não encontram solução no sistema de nulidades e que, se mantidos no processo, geraria verdadeira teratologia. Assim, *v.g.* inconfortável com a lógica a extinção da punibilidade pela morte de alguém (art. 107, I, CPP) que, todavia, está comprovadamente vivo. Impunha-se que, entre outras situações graves, se discutisse a questão da coisa julgada material e a revisão criminal *pro societate*.

Para demonstrar a diferença das nulidades absolutas e os atos inexistentes, cita-se como exemplo decisão do e. STF (HC 104998 SP, Rel. Min. Dias Toffoli), que entendeu que a declaração da extinção da punibilidade com base em atestado de óbito falso é ato inexistente e, assim, não se convalida com o trânsito em julgado da decisão. É que, não havendo possibilidade de revisão *pro societate*, a coisa julgada não poderia ser desconstituída se fosse o vício tomado como simples nulidade.[13]

A Súmula 160 do Supremo Tribunal Federal tem a seguinte redação: É nula a decisão do tribunal que acolhe, contra o réu, nulidade não arguida no recurso da acusação, ressalvados os casos de recurso de ofício. Ao não distinguir essa nulidade entre relativa e absoluta, acabou admitindo a vedação da declaração desta última, inclusive, justificando, assim, a necessidade de aplicação da tese do ato inexistente para situações juridicamente aberrantes.

Tais atos são aqueles que não se contem de elementos essenciais e, por isto, sequer é considerado ato jurídico. São não atos, na expressão de Carnelutti (2004).

---

[13] Neste sentido, manifestações do STJ (DJ 09/02/2004) e STF (HC 60095/RJ).

Entende-se o ato considerado inexistente não dependeria de declaração judicial para seu conserto e remoção de suas consequências. A afirmação é, para dizer o mínimo, temerária. A verdade é que, se em algum momento não houver declaração judicial da inexistência, não há como simplesmente ignorá-lo. Assim, no exemplo supracitado, se o tribunal não declarasse que a extinção da punibilidade era ato juridicamente inexistente, perpetuar-se-ia extinta a punibilidade do réu.

Neste sentido:

"[...] en aquellos casos excepcionales, como algunos de los ejemplos dados a pesar de considerárselos no actos, si fueron incorporados al proceso sólo puede excluírselos mediante sanción declarada judicialmente" (Desimoni, Tarantini, 1998, p. 16).

Por mais estranho que pareça, a inexistência tem que ser declarada.

A teoria apenas autoriza que, a qualquer tempo e em qualquer instância, possa ser declarada a inexistência do ato jurídico tão gravemente viciado. Não precluem, não podem ser convalidados ou sanados, pois não existem.

Trata-se de criação doutrinária (não consta do CPP) para superar questões que não seriam resolvidas pela teoria das nulidades.

As nulidades são reconhecidas, e assim declaradas, quando há expressa manifestação judicial a seu respeito. Sem declaração pelo juiz ou Tribunal, ela subsistirá, convalidando-se com o trânsito em julgado da decisão judicial final.

Observe-se a lição:

[...] ao reverso do que sucede no direito privado, a nulidade dos atos processuais não é automática, dependendo sempre de seu reconhecimento de um pronunciamento judicial em que seja não somente constatada a atipicidade do ato, mas também analisada os demais pressupostos legais para a decretação da invalidade.[14]

---

[14] Neste sentido, ensinam Ada Pellegrini Grinover *et alii*, 2007, p. 21.

Na mesma linha do entendimento da professora paulista, o doutrinador Badaró (2007) implementa: por exemplo, uma sentença condenatória absolutamente nula porque proferida por um juiz absolutamente incompetente produzirá efeitos (p. ex.: o acusado ficará preso) até que um Tribunal reconheça tal nulidade (p. ex.: concedendo *habeas corpus*). Assim, o sistema das nulidades dos atos processuais (emanados de agentes públicos) não se confunde com o sistema das nulidades dos atos de direito privado. No caso de nulidades dos atos materiais, afirma--se que o ato nulo não produz efeitos. Isto, contudo, não vale para os atos processuais, no qual inexiste nulidade antes de haver o pronunciamento constitutivo pelo magistrado.

6. Efeitos das nulidades

Ao ser declarada a nulidade de um ato processual, ele perde a eficácia dentro do processo como se jamais fora praticado. Fica privado dos efeitos que deveria produzir ordinariamente, bem assim os de que dele e com ele tenham dependência.

Como tudo no nebuloso sistema das nulidades, é temerário qualquer afirmação taxativa ou com caráter definitivo. É que, v.g. quando se trata da hipótese de se aplicar a regra do *ne reformatio in pejus* indireta, com a nulidade de decisão em recurso exclusivo da defesa pela instância recursal, a sentença recorrida e anulada poderá produzir efeitos perpétuos. Assim, se condenado o agente a uma pena privativa de liberdade de um ano de privação da liberdade por incurso no delito de furto simples, cuja pena cominada é de um a quatro anos (v.g. furto), o magistrado ao prolatar nova sentença e mantendo a conclusão condenatória, deparar-se-á a um novo patamar abstrato, que não é mais, a partir do trânsito em julgado para a acusação, o da lei e, sim, o da decisão anulada.

7. Sistema de verificação das nulidades

A doutrina é unânime em lembrar a classificação evolutiva dos sistemas adotados para verificação das nulidades. Assim, num primeiro momento, existiu o *Sistema Privatista*, de idade pré-codificatória, quando as nulidades eram apontadas pelas partes, ou seja, no interesse privado delas. Não existia o processo como garantia pública e era observado, rigorosamente, a inércia jurisdicional.

Seguiu-se, em reação aos termos inibidores da ação judicial, o *Sistema Legalista (ou formalista)*, já no regime codificado, com descrição das formas dos atos a serem obedecidas. As nulidades eram elencadas, e a forma dava existência à coisa, prevalecente e indeclinável.

Sem solucionar os problemas da atuação do juiz, que ficava demasiadamente vinculado à lei, seguiu-se o *Sistema Instrumental (ou Judicial)*, no qual havia prevalência finalística da norma, com valoração pelo juiz da essencialidade do requisito inobservado. Refuta a supremacia da forma, condicionando ao atendimento ou não da finalidade do ato.

A doutrina inclina-se no sentido de ver reconhecida e declarada apenas a nulidade que possa, efetivamente, ter maior repercussão no feito, afastando-se da rígida existência de obediência formal, ou seja, por mero interesse da lei ou para preservar a formalidade. Já a vocação jurisprudencial é no sentido de observar, para sua declaração, o princípio do interesse (estudado mais adiante), de uma das partes, que repercute na maioria das vezes em prejuízo concreto ou mesmo potencial (presumido).

O sistema adotado pelo Código de Processo Penal compõe um meio termo (um sistema misto) entre o sistema formalista ou legalista e o instrumental ou judicial, adotando a preponderância dos impedimentos de declaração ou arguição das nulidades. Isto é, oferece resistência às pretensões nulificadoras, e entendendo que só será declarada a nulidade se o ato não puder ser aproveitado, conforme os princípios adotados pelo Código. Exige o exame caso a caso, sendo necessário verificar a necessidade ou não da declaração da nulidade, sempre propondo, todavia, evitá-la.

Para melhor entendimento da importância do sistema, veja-se a lição de Borges da Rosa (1982):

> A decretação de uma nulidade é uma medida tão grande, de consequências tão incalculáveis, que só se deve recorrer a ato tão extremo quando o defeito jurídico tiver produzido um prejuízo real, manifesto para a acusação ou para a defesa, ou para a Justiça, e quando for impossível absolutamente, reparar, repetir ou retificar dito defeito. Toda a decretação de nulidade, que não se enquadrar nessa asserção, representará um atentado grave, gravíssimo em muitos casos, contra direito da parte, contra a Justiça, contra os fins superiores do processo, contra a lei da evolução e contra o bom senso jurídico educado e instruído nas novas necessidades e atividades dos tempos contemporâneos.

8. Princípios básicos das nulidades no sistema do CPP

Decorre do sistema de verificação das nulidades do CPP, uma ordem principiológica para orientar a aplicação das regras inerentes à necessidade do decreto nulificador.

São os seguintes os princípios básicos das nulidades no CPP:

8.1. Princípio do prejuízo

Este princípio tem sua expressão normativa no artigo 563 do CPP: "Nenhum ato processual será declarado nulo, se da nulidade não tiver resultado prejuízo para uma das partes", e sua consagração está na Súmula 523 do STF, que consagra a aplicação deste princípio: "No processo penal, a falta de defesa constitui nulidade absoluta, mas a sua deficiência só o anulará se houver prova de prejuízo para o réu".

Na jurisprudência em geral, encontram-se decisões como a que se transcreve:

> Em tema de nulidades no processo penal, é dogma fundamental a assertiva de que não se declara a nulidade de ato se dele não resulta prejuízo para a acusação ou para a defesa ou se não houver influído na apuração da verdade substancial ou na decisão da causa. (STJ – HC 12.831-MG)

É a aplicação do axioma jurídico de origem francesa denominado *pas de nullité sans grief*, entendendo moderna doutrina que por ele se evidencia a necessidade de sacrifício do sentido teleológico da norma, pois "o reconhecimento da nulidade nessa hipótese constituiria na consagração de formalismo exagerado e inútil (...) e, assim, somente a atipicidade relevante dá lugar à nulidade". (Grinover *et alli*, 2009).

Por óbvio, não tem aplicação às nulidades absolutas, que não dependem de demonstração do prejuízo – que é presumido – para serem declaradas.

A orientação da Corte Suprema contradiz o preceito constitucional da ampla defesa. É que, sendo deficiente, obviamente a defesa não será ampla. Assim a deficiência de defesa gera nulidade absoluta, pois o prejuízo será sempre presumido ante a violação de preceito constitucional (art. 5º, LV, CF).

Em que pese se aparentarem teleologicamente similares, distinguem-se os artigos 563, CPP,[15] que cuida do eventual prejuízo à parte, e o 566, CPP,[16] que versa sobre prejuízo à decisão.

A respeito do tema, leia-se o art. 572, II, do CPP: As nulidades previstas no art. 564, n. III, letras *d* e *e*, segunda parte, *g* e *h*, e *n*. IV, considerar-se-ão sanadas: (...) se, praticado por outra forma, o ato tiver atingido o seu fim.

Bento de Faria (1960, p. 264) adverte que o prejuízo tem que ser evidente. "O que, aliás, não exclui sua presunção, v.g. como sucede no caso de ser diminuído o prazo para apresentação da defesa, desde que o acusado tem o direito de todo ele".

---

[15] Art. 563, CPP – Nenhum ato será declarado nulo, se da nulidade não resultar prejuízo para a acusação ou para a defesa.

[16] Art. 566, CPP – Não será declarada a nulidade de ato processual que não houver influído na apuração da verdade substancial ou na decisão da causa.

Os conceitos não resistem mais as críticas. Aury (2009, p. 238) aduz que "o problema está na manipulação feita em torno dessa concepção, por parte de quem julga, que encontra um terreno fértil para legitimar o que bem entender". Mais adiante indaga: "O que se entende por finalidade do ato?" O próprio doutrinador gaúcho responde: "Nós pensamos que a finalidade do ato processual cuja lei prevê uma forma, é dar eficácia ao princípio constitucional que ali se efetiva. Logo, a forma é uma garantia de que haverá condições para a efetivação do princípio constitucional (nela contido)".

8.2. Princípio da instrumentalidade das formas e princípio da economia processual

Não se declara "nulidade de ato processual que não houver influído na apuração da verdade substancial ou na decisão da causa" (art. 566 do CPP). Sem influência no deslinde da causa, não se proclama a decisão invalidativa. O legislador expressa seu repúdio ao excesso formal.

De lembrar que o processo, por não ter finalidade em si própria, deve ser o meio para apuração da verdade e aplicação do direito substancial.

No mesmo sentido é a interpretação ao art. 572. II, *in fine*, CPP, pois, "se, praticado por outra forma, o ato tiver atingido o seu fim", a nulidade, pela vocação teleológica do processo, não será declarada.

Seria juridicamente ilógico que, havendo alternativa para alcançar-se o objetivo do ato jurídico, ou que o mesmo não produza qualquer influência sobre o destino final do processo, normalmente a sentença, que seja decretada a nulidade. Haveria, como sugere o título do princípio, comprometimento da celeridade e economia processual.

8.3. Princípio da causalidade (causação) ou da sequencialidade

O processo é um encadeamento lógico de atos jurídicos, mas que nem sempre dependem, ou seja consequência um do outro. Conforme o § 1º do art. 573, CPP, "a nulidade de um ato processual, uma vez declarada, causará a dos atos que dele diretamente dependam, ou seja consequência". Pelo diploma processual, somente os atos dependentes ou consequentes do viciado serão fundamentadamente anulados. Por isto que se diz que existem nulidades originárias e derivadas.

Bento de Faria (1960, p. 266), em lição antiga, mas ainda atual, que sustenta que os efeitos das nulidades, uma vez declaradas, não atingem os atos anteriores, alcançando apenas os do próprio ato nulo. Ressalvava que, se houver dependência essencial entre o ato nulo e os antecedentes, estes também seriam nulos. Obviamente, são nulos os consecutivos, dependentes ou consequentes.

A doutrina costuma defender que a nulidade em fase postulatória do processo anula o processo; a da fase instrutória anula o ato e os subsequentes, se for o caso. Observe-se, também o § 2º do art. 573, que trata das nulidades derivadas ou da extensão da nulidade.

Alguns autores sustentam a existência do princípio da conservação dos atos processuais, mas que nada mais é que o desdobramento do princípio da causalidade. Cuida-se de observar-se a não contaminação dos atos complexos que não dependam do ato viciado por motivo de economia processual, que justificaria a existência de nulidades parciais ou derivadas.

8.4. Princípio do interesse

Pela redação do art. 565, segunda parte, do CPP, *ninguém pode alegar nulidade que só interesse à parte contrária*. Versa sobre a falta de interesse processual como condição do ato declaratório da nulidade, entendendo alguns que decorrente da ausência de sucumbência.

Por outro lado, aplicando-se o preceito *nemo auditur propriam turpitudinem allegans*, "nenhuma das partes poderá arguir nulidade a que tenha dado causa, ou para a qual tenha concorrido" (art. 565, primeira parte, CPP). Trata-se de nulidades relativa, de vez que as absolutas não dependem de postulação

Alguns setores doutrinários sustentam que o Ministério Público sempre tem interesse na nulidade, seja pela pretensão de alcançar título executivo sem vício precedente (frustrando a execução ou eventual revisão), seja pela função de fiscal da lei.

8.5. Princípio da convalidação

Estabelece os remédios para aproveitamento dos atos atípicos (art. 572, CPP), certo que as nulidades relativas estarão sanadas, se não forem arguidas no momento oportuno (art. 572, I, CPP). Consagra-se a preclusão. O art. 571 estabelece o momento em que as nulidades relativas devam ser alegadas, sob pena de convalidação do ato viciado. Busca, a norma, a economia processual.

O CPP trata em várias passagens deste princípio: No art. 569, segundo o qual, *as omissões da denúncia ou da queixa, poderão ser supridas a todo tempo, antes da sentença final*. Exemplificativamente, é de lembrar que no art. 570, lenitivo que é da exigência de tipicidade legal, está disposto que o comparecimento do interessado ao processo, ainda que somente com a finalidade de arguir a irregularidade (falta ou vício de citação), sana a falta ou nulidade.

Repetindo que o processo é marcha adiante, e não retrocesso, tem-se o estipulado nos arts. 571 e 572, CPP, que versam sobre a preclusão. Alguns autores, entre eles Ada Pellegrini Grinover, entendem que a sentença é sanatória da nulidade quando decide em favor de quem ela aproveitaria, aplicando-se por analogia o disposto no artigo 249, § 2º, do Código de Processo Civil.

A Súmula 160 do STF ("É nula a decisão do tribunal que acolhe, contra o réu, nulidade não arguida no recurso da acusação, ressalvados os casos de recurso de ofício") define a oportunidade para a acusação provocar a declaração da nulidade.

No sentido da consolidação jurisprudencial, foi decidido:

> [...] Não tendo sido objeto do recurso do Ministério Público, o Tribunal não pode reformar a sentença para aplicar a norma, quer do concurso material, quer do crime continuado (Súmula 160 STF); tampouco se dá guarida à pretensão de agravamento da pena por autonomia de desígnios, que se funda em concurso formal de crimes, erroneamente aceite. Por favorecer o erro unicamente ao réu, e a míngua de apelo da acusação mantém-se a pena aplicada como se de concurso formal se tratasse. Considerando o montante da pena aplicada e a motivação expendida pelo MM. Juiz *a quo*, a justificar tal fixação, determina-se que o regime inicial se seu cumprimento seja em regime fechado. (Apelação Criminal nº 94.04.59300-1 – RS, Rel. Juiz Dória Furquim, TRF da 4ª Região).

A Súmula 160, STF, ao não fazer distinção entre nulidade absoluta e relativa, no entendimento do autor, estabeleceu uma nova realidade jurídica. É que a omissão do agente ministerial (da acusação) não apontando, suscitando ou reclamando pela nulidade que, se prejudicar o réu sua declaração, não poderá ser declarada, desfez a irreal e absurda obediência axiomática da impossibilidade de convalidação quando a nulidade fosse de caráter absoluto. Não tenho a menor dúvida que esta orientação abalou o sistema de nulidades brasileiro. Resiste a corrente majoritária – tradicional – até mesmo ante as nulidades ditas absolutas a aplicação do *pas de nulité sans griffe*.

O STJ conjugou este princípio, e um dos requisitos do recurso especial (prequestionamento) para decidir que "mesmo as nulidades absolutas não poderão ser examinadas no especial se a matéria pertinente não foi, de qualquer modo, cogitada pelo acórdão recorrido, excetuando-se apenas aquelas que decorram do próprio julgamento". (STJ – REsp 409 – AL, III Turma. Rel. Min. Eduardo Ribeiro, j. 29/10/90).

A medida de revisão criminal prevista no CPP (arts. 621 a 631), deixa claro que as nulidades, com o trânsito em julgado da sentença, convalidam-se apenas em relação à acusação. Podem ser sanadas tão somente quando favoráveis à defesa. Não há revisão criminal *pro societate*.

De lembrar que as irregularidade de representação nas ações que dela dependam podem ser sanadas a qualquer tempo; na ação penal privada, porém, está sujeita ao prazo decadencial (art. 568, CPP), enquanto as omissões da denúncia, queixa, representação e auto de prisão em flagrante podem ser supridas a qualquer tempo, antes da sentença final (art. 569, CPP).

A Constituição Federal, ao reservar ao Ministério Público a iniciativa da ação penal pública, decretou o fim das "portarias" policiais ou judiciais, que podiam dar início ao processo. Não há mais ação penal iniciada pelo Delegado de Polícia ou magistrado.

Observe-se o disposto no art. 617, *in fine*, CPP, que veda a agravação da pena quando apenas o réu apelar da sentença condenatória. Abrange o conceito a *reformatio in pejus* indireta, certo que, em se tratando de sentença penal condenatória anulada diante de recurso defensivo, está vedada pena mais grave que a da decisão desconstituída.

Fica, pois, com o apenamento da sentença anulada, estabelecido novo marco abstrato para, inclusive, efeitos prescricionais. Interessante lembrar que a sentença anulada, ainda assim, projeta efeitos ao ponto de afetar a própria *sanctio legis* impedindo a aplicação da pena pelo valor ali determinado.

Necessárias observações:

a) **Coisa julgada**: O art. 621, CPP – revisão criminal –, deixa implícito que as nulidades, com o trânsito em julgado da sentença, convalidam-se apenas em relação à acusação. Podem ser sanadas quando favoráveis à defesa.

b) **Regras especiais:** A irregularidade de representação nas ações de que dela dependam podem ser sanadas a qualquer tempo; na ação penal privada, porém, está sujeita ao prazo decadencial (art. 568, CPP), enquanto que as omissões da denúncia, queixa, representação e auto de prisão em flagrante podem ser supridas a qualquer tempo, antes da sentença final (art. 569, CPP). Não há mais ação penal iniciada por portaria.

c) *Reformatio in pejus*: Observe-se o disposto no art. 617, *in fine*, CPP, que veda a agravação da pena quando apenas o réu apelar da sentença condenatória. Amplia-se o conceito para a *reformatio in pejus* indireta, certo que, em se tratando de sentença penal condenatória anulada diante de recurso defensivo, está vedada pena mais grave que a da decisão anulada. Fica, pois, com o apenamento da sentença anulada, estabelecido novo marco abstrato para, inclusive, efeitos prescricionais.

8. Momento oportuno para arguição das nulidades (relativas)

Como visto, ao contrário das nulidades absolutas, as relativas consideram-se sanadas se não alegadas no momento processual oportuno. Todavia, procede a advertência de Aury no sentido de que:

> [...] o art. 571 ficou seriamente prejudicado pela Lei 11.719, que alterou substancialmente os procedimentos, eliminando a estrutura anterior, das alegações finais escritas dos arts. 406 e 500.[17]

8.1. Conforme o art. 571 e incisos, CPP, devem ser alegadas

a) as da instrução criminal na fase do art. 406 ou 500 do CPP, conforme o caso;

b) no processo sumário, as ocorridas antes da realização da audiência de instrução, debates e julgamento, devem ser arguidas logo após a sua abertura, depois de feito o pregão das partes;

c) as posteriores à pronúncia, logo após a instalação da sessão, depois de feito o anúncio do julgamento e o pregão das partes;

d) as que ocorrerem durante o julgamento em plenário, logo em seguida à sua ocorrência;

---
[17] Obra citada, p. 387

e) surgidas na sentença definitiva, devem ser alegadas em preliminar, nas razões de recurso.

8.2. Consideram-se sanadas

Se o ato, embora praticado de outra forma, tiver atingido o seu fim;

a) se a parte, ainda que tacitamente, tiver aceitado seus efeitos, entendendo que tenha renunciado ao direito de argui-la.

b) pelo silêncio das partes, ou seja, se não forem alegadas em tempo oportuno.

8.3. Convalidações especiais

O artigo 569, CPP, refere que as omissões da denúncia ou da queixa, da representação e do ato de prisão em flagrante poderão ser supridas a todo tempo, desde que anterior à sentença.

O artigo 570, CPP, reza que o comparecimento do interessado, mesmo que pretenda apenas arguir a nulidade da citação, notificação ou intimação, desfaz a nulidade, desde que não se lhe ocorra prejuízo, verificável pelo juiz.

Também a coisa julgada produz a convalidação que, todavia, pode ser revogada com a desconstituição da *res judicata* via ação revisional, conforme já mencionado.

8.4. Nota

a) A jurisprudência mudou o quadro de nulidades considerando absolutas, algumas arroladas pela lei como relativas e vice-versa. É muito arriscado, de antemão, estabelecer uma relação definitiva de nulidades absolutas e relativas, servindo apenas a orientação legal.

b) Súmula 33 do STJ: "A incompetência relativa não pode ser declarada de ofício".

8.5. Recurso

Da decisão que anular o processo da instrução criminal, no todo ou em parte, cabe recurso em sentido estrito (art. 581, XIII, do CPP).

8.6. Preclusão

A preclusão pode ser tomada sob dois aspectos:

– **Temporal**, que é a perda da oportunidade de arguir a nulidade relativa nos prazos fixados pela lei;

– **Lógica**, que é a correspondência com a adoção de conduta incompatível com a pretensão de ver reconhecida a nulidade do ato.

9. Nulidades em espécie

O Código de Processo Penal tratou de relacionar, ainda que não exaustivamente, vez concorrerem outras não descritas na norma, as seguintes nulidades elencadas no seu art. 564.

9.1. Inciso I: por incompetência, suspeição/suborno do Juiz

9.1.1. Incompetência

A competência por vir estabelecida ou definida:

a) na Constituição Federal, quando define a dualidade de justiça, prerrogativa de função e o Júri para julgamento dos crimes dolosos contra a vida;

b) em leis federais que, por exemplo, definem as circunscrições territoriais de suas Varas;

c) em Constituições Estaduais, quando define a hierarquia dos órgãos jurisdicionais, comarcas e Varas e;

d) em leis de organização judiciárias (COJE), para definição de Varas especializadas etc.

O cuidado legislativo trata do princípio do Juiz Natural como garantia constitucional (art. 5°, XXXVII, e LIII, CF).

A competência envolve, evidentemente, a existência de um processo que, sem essa garantia, é considerado um não processo e, por tal razão, é que está vedada na Carta a existência de Tribunais de Exceção.

Nesse sentido, a incompetência do juiz pode dar lugar à nulidade absoluta ou relativa. Absoluta em razão da matéria (*ratione materiae*) e da pessoa (*ratione personaes*) e relativa em razão do território (*ratione loci*). A inobservância das regras de competência podem estabelecer o caráter da nulidade, se absoluta ou relativa. Se a incompetência for absoluta, haverá nulidade absoluta. Se a incompetência for relativa, somente os atos decisórios serão anulados (art. 567).

O reconhecimento de incompetência relativa do juízo anula somente os atos decisórios *ex vi* art. 567 do CPP. Mas entendo que o dispositivo que prevê a relatividade da nulidade quanto à incompetência ocorrente em razão da territorialidade, está revogado pela CF. Em se tratando de competência, a nulidade atinge todos os atos, de vez que presumido o interesse público pelo vigor da norma superior. Mas a jurisprudência tem decidido pela declaração de nulidades conforme tratado na lei inferior (CPP).

Por isto que a inobservância das regras de competência podem estabelecer o caráter (absoluto ou relativo) da nulidade. A competência em razão da jurisdição, da hierarquia e da matéria de interesse público, e, assim, de caráter absoluto, é indisponível para as partes. Processado o feito perante o juiz incompetente, declinará ele da competência em qualquer tempo e independentemente de alegação das partes, tal como orienta o art. 109, CPP (ou será instado pela interposição de exceção processual).

Outros artigos que se referem à competência estão definidas nos arts. 69, 70, 108, § 1º, 109, todos do Código de Processo Penal.

Precluída a oportunidade para manifestação a respeito da competência territorial – na defesa prévia, por meio de exceção – há convalidação da nulidade, conforme tem decidido o Supremo Tribunal Federal (RHC 63.475-5-SP, DJU de 210.12.85, p. 21919).

A incompetência absoluta anula todos os atos, mesmo os não decisórios.

Importa registrar que, concorrendo a competência constitucional do Júri com a constitucional por prerrogativa de função, esta última há de prevalecer por ser especial em relação à primeira. Concorrendo com prerrogativa de função estabelecida em lei ordinária, prevalece a competência do Tribunal popular, que é de caráter constitucional.

A incompetência do Tribunal do Júri não pode ser arguida enquanto não houver decisão de pronúncia, que reconhece a admissibilidade da pretensão acusatória (STF, RTJ 82/391).

Não é demasia lembrar que a sentença absolutória ou decisão pela extinção da punibilidade do processado torna-se imutável se transitar em julgado (STF, HC 80263).

Ratione loci: alguns doutrinadores entendem que o art. 567, CPP, está revogado pela CF. Alegam que, em se tratando de competência, a nulidade atinge todos os atos, vez que presumido o interesse público. Mas a jurisprudência tem decidido pela nulidade só dos atos decisórios.

Precluída a oportunidade para manifestação a respeito da competência territorial – na defesa prévia, por meio de exceção – há prorrogação da competência conforme tem decidido o Supremo Tribunal Federal, v.g. RHC 63.475-5-SP, DJU de 210.12.85, p. 21919. O reconhecimento de incompetência relativa do juízo anula somente os atos decisórios (art. 567, CPP).

Obvia-se que está fora do alcance da regra a sentença penal absolutória definitiva, pois esta torna-se indiferente à competência de quem a julgou. Com a *res judicata* sela-se indissoluvelmente a absolvição.

Deve-se ficar atento à Súmula nº 706, STF, que prescreve ser "relativa a nulidade decorrente da inobservância da competência penal por prevenção".

Ratione materiae: observe-se o art. 74 e parágrafos do CPP e onde extraem-se critérios para competência em razão da matéria que podem ser exemplificados:

1. Natureza ou qualidade do crime (ex. Tráfico ilícito de tóxicos internacional e estadual);
2. Constituição Federal e Estadual (ex. Júri);
3. Leis de organização judiciária dos Estados, conforme dispõe o *caput* do art. 74, CPP (ex. Varas especializadas).

A incompetência absoluta anula todos os atos, mesmo os não decisórios.

Concorrendo a competência constitucional do Júri com competência constitucional por prerrogativa de função, esta última há de prevalecer por ser especial em relação à primeira. Concorrendo com prerrogativa de função estabelecida em lei ordinária, prevalece a competência do Júri, que é constitucional.

Observe-se que a alteração da competência concreta é possível com o desaforamento do julgamento pelo Tribunal do Júri. Este deslocamento só é aceito, por expressa previsão legal (art. 427 e seguintes, CPP), e apenas para o procedimento da competência do Tribunal Popular.

Em qualquer circunstância, deve ser observada a Súmula 712, STF.[18]

Ratione personae (prerrogativa de função):
1. Previstos nos arts. 84 a 87 do CPP. Competência em razão da pessoa, em matéria penal, emana da qualidade pessoal do acusado em função do exercício de uma determinada função pública.

---

[18] Súmula nº 712. É nula a decisão que determina o desaforamento de processo da competência do júri sem audiência da defesa.

2. Em casos de competência em razão da pessoa, verifica-se a incompetência absoluta que gera a nulidade absoluta. Pode ser arguida a qualquer tempo, mesmo contra a coisa julgada.

3. A incompetência absoluta em razão da pessoa ocorre quando um juiz singular julgar, por exemplo, um colega cuja competência é do Tribunal de Justiça.

4. Segundo a Constituição, arts. 102, I, "b", e "c"; 105, I, "a"; 108 I, "a" e 125, a competência em razão da pessoa pode ser do Supremo Tribunal Federal, do Superior Tribunal de Justiça, dos Tribunais Regionais Federais, dos Tribunais de Justiça e de Alçada dos Estados. É a regra.

5. A prerrogativa de foro é irrenunciável, pois ela é característica da função, e não da pessoa.

Exceções: Não obstante o art. 5º, XXXV, da Constituição, a própria Carta estabelece exceções no trato das competências. Assim, a competência privativa do Senado Federal para processar e julgar:

1. O Presidente e o Vice-Presidente da República nos crimes de responsabilidade e os Ministros de Estado da mesma natureza conexos com aqueles;

2. Os Ministros do Supremo Tribunal Federal e;

3. O Procurador-Geral da República e o Advogado-Geral da União, também nos crimes de responsabilidade, conforme art. 52, I e II, da Constituição.

É absoluta a nulidade que não observa os preceitos Constitucionais reguladores da competência em razão da pessoa.

Atenção às súmulas n°s 702, 704, 706 e 721 do STF, editadas em 2003.[19]

9.1.2. A suspeição e suborno do Juiz

Suspeição

O Código de Processo Penal define expressamente os casos de impedimento e os de suspeição. O *impedimento priva o juiz do exercício da jurisdição*, enquanto que a suspeição apenas *enseja a abstenção ou recusa do juiz*. O art. 564, inciso I, do CPP, não trata do impedimento porque ele acarreta a *inexistência* do ato praticado – e não sua nulidade – enquanto que a suspeição o fulmina de nulidade absoluta.

O art. 252 trata dos casos de impedimentos do juiz, enquanto que os de suspeição, estão previstos no art. 254, ambos do CPP.

Suspeição são os motivos capazes de gerar dúvidas sobre a imparcialidade do juiz.

A nulidade por impedimento ou suspeição pode e deve ser declarada *ex officio*, ou arguida por qualquer das partes (art. 112, CPP).

A ocorrência de suspeição por motivo íntimo é procedida conforme o disposto no art. 119, §§ 1º e 2º, do Código de Processo Civil.

---
[19] Súmula nº 706. É relativa a nulidade decorrente da inobservância da competência penal por prevenção.

Súmula nº 704. Não viola as garantias do juiz natural, da ampla defesa e do devido processo legal a atração por continência ou conexão do processo do correu ao foro por prerrogativa de função de um dos denunciados.

Súmula nº 702. a competência do tribunal de justiça para julgar prefeitos restringe-se aos crimes de competência da justiça comum estadual; nos demais casos, a competência originária caberá ao respectivo tribunal de segundo grau.

Súmula nº 721. A competência constitucional do tribunal do júri prevalece sobre o foro por prerrogativa de função estabelecido exclusivamente pela constituição estadual.

Quando é julgada procedente a exceção de suspeição, ficarão nulos todos os atos praticados (art. 101). Acolhido o impedimento, desconsideram-se os atos realizados, por serem inexistentes.

A nulidade por impedimento ou suspeição pode e deve ser declarada *ex officio*, ou por arguição de qualquer das partes (art. 112, CPP). Quando é julgada procedente a exceção de suspeição, tornam-se nulos todos os atos praticados (art. 101, CPP). Acolhido o impedimento, desconsideram-se os atos realizados, por serem inexistentes.

O art. 253, CPP,[20] trata do impedimento legal de pessoas diversas, e não do magistrado. São os parentes entre si, que não poderão servir no mesmo processo. São pessoas que fazem parte de juízos colegiados, do que se entende, ao invés de apenas um julgador (juiz singular), um colégio (membro de Tribunais; o jurado no Tribunal Popular do Júri) que julga uma causa, no qual a lei não permite servir no mesmo processo os julgadores que forem parentes entre si.

O procedimento pela ocorrência de suspeição por motivo íntimo é procedida conforme o disposto no art. 119, §§ 1º e 2º, do Código de Processo Civil, aplicados por analogia no juízo processual penal.

Importante é a advertência de Espínola Filho[21] implícita na afirmação de que "se a causa que originou a suspeição ocorreu no decorrer do processo ou se o juiz só tomou conhecimento dela durante o processo, os atos processuais anteriores ou o seu conhecimento não são nulos".

Súmula nº 706 – é relativa a nulidade decorrente da inobservância da competência penal por prevenção.

---

[20] Art. 253. Nos juízos coletivos, não poderão servir no mesmo processo os juízes que forem entre si parentes, consanguíneos ou afins, em linha reta ou colateral até o 3º grau, inclusive.

[21] ESPÍNOLA FILHO, Eduardo. *Código de Processo Penal Anotado*. Rio de Janeiro: Ed. Rio.

Suborno

O suborno, no dizer de Bento de Faria,[22] "é a expressão de desonestidade funcional, por corrupção passiva ou por prevaricação. Além de afastar o juiz sem dignidade, o sujeita à sanção penal".

É causa geradora de nulidade absoluta do ato e abrange a concussão, a corrupção e prevaricação do juiz subornado.

A suspeição e os impedimentos geram uma presunção de parcialidade enquanto o suborno gera a certeza da parcialidade do juiz.

Autores consideram a absolvição por juiz subornado um ato inexistente, admitindo sua alteração mesmo após o trânsito em julgado.[23] Todavia, segura e correta é a jurisprudência em sentido contrário vendo no ato uma nulidade absoluta, perpetuando a absolvição ao transitar em julgado a decisão. O confronto dos preceitos constitucionais, ou seja, aquele que reclama a aplicação do princípio do juiz natural *e o* que sustenta o *favor rei*, resulta na prevalência deste, em face de maior garantia ao acusado e fugindo da mal elaborada revisão *pro societate*.

O juiz que solicitar, receber ou aceitar promessa de vantagem indevida comete o delito de corrupção passiva tipificada no art. 317 do Código Penal, mas, mesmo assim, com força na vedação de revisão *pro societate*, a absolvição decretada por juiz subornado com o trânsito em julgado, tornar-se-ia irreversível.

---

[22] FARIA, Bento de. *Código de Processo Penal*, 1942.

[23] Para Nucci a "[...] desconformidade com a lei é tão evidente que se torna um ato degenerado juridicamente, pela incapacidade de ser eficaz. Por ser a ofensa tão evidente, o ato, mesmo estando presente no plano material, não existe no aspecto jurídico. É um ato que jamais produzirá efeitos na relação jurídico-processual, não oferecerá nem benefício nem prejuízo às partes". (NUCCI, Guilherme de Souza. *Código de Processo Penal Comentado*. São Paulo: RT, 2005)

9.2. Art. 564, inciso II: ilegitimidade de parte

A matéria envolve ilegitimidade ativa ou passiva, podendo ser *ad causam,* pela falta de titularidade da ação penal (ex. Ministério Público propõe ação penal privada), e por não poder integrar a relação processual no seu polo passivo (ex. o réu é inimputável).; ou será *ad processum,* quando falta capacidade postulatória do querelante, vício na representação, ou incapacidade para estar em juízo (v.g. querelante menor de 18 anos, sem representante legal).

O CPP trata de hipóteses objetivas de ilegitimidade. Assim, no art. 568 está determinado que "a nulidade por ilegitimidade do representante da parte poderá ser a todo tempo sanada, mediante ratificação dos atos processuais", que é uma das hipóteses de ilegitimidade *ad processum* (considerada causa de nulidade relativa).

Já o art. 44 do CPP, na ação penal privada, exigindo o atendimento de requisitos para a procuração na hipótese, prevê a convalidação da ilegitimidade processual quando, constatado o defeito, será possível a ratificação dos atos já praticados, pela parte legítima ou por seu representante regularmente constituído. O meio da ratificação será uma petição ou termo nos autos.

A nulidade é sempre absoluta no caso de ilegitimidade *ad causam,* e relativa no caso da ilegitimidade *ad processum.*

Versam as nulidades sobre legitimidade ativa e passiva os arts. 43, III, CPP, e 85 da Constituição Federal.

O Ministério Público depende da iniciativa da parte (representação) para a ação penal pública condicionada, mas é de ver que no "crime de estupro, praticado mediante violência real, a ação penal é pública incondicionada" (Súmula 608 do STF), decidindo a Corte Suprema, todavia, que não se trata de ação penal incondicionada, quando o estupro é praticado mediante grave ameaça (RE 1.195-PR, 12.3.91, DJU 1.4.91, pg. 3.429).

Tais contradições, infelizmente, servem apenas para contribuir para o desprestígio do Poder Judiciário. Acontece que a coação exercida pela ameaça grave pode ser mais eficaz que a própria subjugação física da vítima. Não se pode afirmar que apenas a violência física seja eficaz para reduzir ou afastar a capacidade de resistência de alguém. Basta lembrar o que uma mãe seria capaz de fazer para defender um filho ameaçado.

A lesão corporal leve e a culposa passaram, por força da Lei nº 9.099/95, a ser crimes cuja ação penal pública condicionada à representação do ofendido. Discute-se, por isto, se o estupro no exato raciocínio da Súmula 608 do STF também será crime de ação penal pública condicionada à representação do ofendido. Leia-se:

[...] ademais, no caso, houve lesões corporais na vítima, ainda que leves, sendo aplicável, pois, a Súmula 608 desta Corte (HC 72.088, de que fui relator). Não ocorrência dos alegados cerceamentos de defesa. A jurisprudência desta Corte (assim, no HC 71.399) é no sentido de que, nos casos de estupro e atentado violento ao pudor, mesmo praticados em sequencia, se configura concurso material de delitos e não crime continuado. *Habeas Corpus* indeferido. (Habeas Corpus nº 74734-5/SP, STF).

Note-se que o art. 101 do Código Penal não especifica se a ação pública deve ser condicionada ou incondicionada.

Não é exigido formalismo especial para a representação quando tratar-se de ação penal pública condicionada à iniciativa do ofendido, ou de seu representante legal (art. 24, CPP), sendo aceitável qualquer manifestação inequívoca de vontade na promoção da ação penal (RHC nº 6186/GO, STJ, Rel. Min. Vicente Leal ou RHC n. 3.537-4, MA, Rel. Min. Vicente Leal, 6ª Turma, 13.12.94).

Admite-se como representante legal do ofendido qualquer pessoa, de algum modo responsável por ele, tais como irmão (RT 609/437), tio (RTJ 85/402), ou pessoa que tenha apenas a guarda (RJTJSP 56/340).

Súmula nº 714 – É concorrente a legitimidade do ofendido, mediante queixa, e do ministério público, condicionada à representação do ofendido, para a ação penal por crime contra a honra de servidor público em razão do exercício de suas funções.

A reforma penal de 2009 (Lei 12.015/2009) definiu para os crimes hoje denominados "contra a dignidade sexual" e partir da vigência da referida lei, que não mais haverá ação penal privada para dar início ao procedimento processual penal. É que, pela nova redação do art. 225 do Código Penal, a ação penal será pública condicionada à representação, salvo se a vítima for menor de 18 anos ou estiver em em situação de vulnerabilidade, por ser menor de catorze anos ou acometida de enfermidade ou deficiência mental, e não tenha discernimento para a prática do ato, ou, ainda, que, por qualquer causa não possa oferecer resistência. Por fim, será pública incondicionada se ocorrer o resultado morte ou lesão corporal grave/gravíssima, caso em que tem aplicação a Súmula 608 do STF.

10. Art. 564, Inciso III: falta de fórmulas, atos ou outras exigências contidas na lei

10.1. Alínea "a": a denúncia ou a queixa e a representação, e nos processos das contravenções penais, a portaria ou o auto de prisão em flagrante

Sabidamente, a parte final do dispositivo está revogada, não existindo mais a possibilidade de expedição de portaria para dar início à ação nos exatos termos do art. 129, I, CF.

Atualmente os processos de contravenções penais não mais se iniciam via portaria ou auto de prisão em flagrante, e sim pela denúncia oferecida pelo Representante do Ministério Público. Mesma coisa?

É evidente que por serem delitos de menor gravidade recebem penas proporcionais. As contravenções penais estão previstas no Decreto-Lei nº 3.688/41, o qual está dividido em capítulos que tratam, respectivamente: das contravenções referentes à pessoa; das contravenções referentes ao patrimônio; à incolumidade pública; à paz pública; à fé pública; à organização do trabalho; à polícia de costumes e à administração pública. Algumas contravenções foram revogadas por leis especiais, como, por exemplo, a do porte de arma, que é tratado pela Lei nº 10.826/03. Todas as contravenções são punidas com prisão simples, multa ou ambas cumulativamente. A competência para julgar tais infrações é do Juizado Especial Criminal, já que são consideradas de menor potencial ofensivo. As contravenções mais comuns são: omissão de cautela na guarda ou condução de animais; deixar cair objetos de janelas de prédios; provocação de tumulto ou conduta inconveniente; provocar falso alarma; perturbação do trabalho ou do sossego alheio; recusa de moeda de curso legal; jogo de azar; jogo do bicho; mendicância; importunação ofensiva ao pudor; embriaguez; servir bebidas alcoólicas a menores, pessoas doentes mentais ou já embriagadas; simulação da qualidade de funcionário; crueldade contra animais; perturbação da tranquilidade alheia; omissão de comunicação de crime; anúncio de meio abortivo; internação irregular em estabelecimento psiquiátrico; indevida custódia de doente mental; violação de lugar ou objeto; perigo de desabamento; deixar de colocar em via pública sinal destinado a evitar perigo a transeunte; arremesso ou colocação perigosa; exercício ilegal de profissão; exercício ilegal do comércio de antiguidades; recusa de dados sobre a identidade; exumação ou inumação de cadáver. Em outras palavras: é contravenção penal: urinar na rua; provocar tumulto em festa; passar trote para órgãos públicos; retirar placas de sinalização das ruas; queimar lixo no quintal de forma a incomodar o vizinho com a fumaça; dirigir gracejos obscenos a pessoas; colocar música em volume alto para provocar o vizinho; enterrar ou desenterrar cadáver fora das determinações legais; briga de galo com apostas; não querer aceitar troco em moedas; deixar cair da janela de apartamento vaso de plantas; jogar ovos ou água fria nas pessoas que passam embaixo da janela de um prédio; vestir-se com farda, sem ser militar, apenas para impressionar as garotas. Enfim, todas essas condutas constituem contravenções penais e são punidas na forma da lei.

 Confirmando este entendimento, expediu o Egrégio Superior Tribunal de Justiça a Súmula nº 38, a teor da qual compete à Justiça Estadual o processo e julgamento das contravenções, ainda que cometidas em detrimento de bens da União.

A questão se torna mais complexa quando surge conexão entre contravenção penal e crime da alçada da Justiça Federal, face à ocorrência de potencial conflito normativo.

A regra consagrada pelos tribunais, como não poderia deixar de ser, é que, havendo conexão de crimes de competência da Justiça Estadual e da Justiça Federal, prevalece a competência desta. Súmula 122 do Superior Tribunal de Justiça: "Compete à Justiça Federal o processo e julgamento unificado dos crimes conexos de competência federal e estadual, não se aplicando a regra do artigo 78, II, a, do CPP".

Questiona-se como fica solucionada a questão se uma das infrações conexas for contravenção penal, subtraída da competência do Judiciário Federal por força do art. 109, IV, da Lei Fundamental.

O Superior Tribunal de Justiça [3] enfrentou a situação, por mais de uma oportunidade, tendo decisões num e noutro sentido, conforme a seguir veremos.

No julgamento do Conflito de Competência 12.351/RJ, relatado pelo Ministro Jesus Costa Lima, decidiu a Corte pela impossibilidade de prorrogação da competência do Juízo Federal, impondo-se a separação de processos. *In verbis*, a ementa:

Súmula nº 709, STF – Salvo quando nula a decisão de primeiro grau, o acórdão que provê o recurso contra a rejeição da denúncia vale, desde logo, pelo recebimento dela.

10.1.1. Denúncia, queixa e representação

A denúncia e a queixa são instrumentos postulatórios através dos quais é formulada a acusação, imputando-se a alguém o cometimento de fato infracional com pedido de condenação, pelo que se lhe exige a lei a observância de requisitos específicos.

Em que pese não ser matéria que tenha suscitado maior debate, é importante lembrar que toda a pretensão acusatória está manifestada na inicial (ou eventual aditamento), e, com seu recebimento pelo magistrado, não pode mais haver desistência ou renúncia, vez que a ação penal pública é indisponível até mesmo para seu titular a partir de sua instauração, cujo final será decretada, sempre, pelo julgador, seja apreciando o mérito, seja extinguindo o feito pela incidência de causas predominantes em relação ao exame final (prescrição etc.).

O artigo 385, CPP, deixa claro que o juiz não está, como ocorre no cível, vinculado à pretensão ofensiva, que poderá, todavia, opinar pela absolvição.

Diferente a questão em se tratando de ação penal privada. O eventual pedido ou opinião pela absolvição, que não submeterá o magistrado, implicará, todavia, na extinção do processo pela ocorrência da perempção, sem que, com isto, não possa o magistrado absolver. O que certamente não poderá fazer, pena de nulidade, é condenar o querelado, pois se este for seu convencimento, deverá extinguir a sua punibilidade (art. 107, IV, *in fine*. CP).

No art. 41 do CPP estão estabelecidos o que devem conter referidas peças merecendo ser lembrado que a "oportunidade de alegação de inépcia da denúncia, exaure-se com a prolação da sentença condenatória" (art. 569 do CPP).

O STF já decidiu, todavia, que a "falta de assinatura do promotor na denúncia não acarreta sua nulidade, se inexistir dúvida quanto à sua autoria – por exemplo, se ele assinar a cota onde faz constar que está oferecendo a denúncia" (STF – RE 77.915 – DJU 17.6.74, p. 4.159) ou que o "erro no nome do denunciado não importa em nulidade da denúncia, quando for possível a sua identificação" (RTJ 63/29). Por fim, definiu a Corte Suprema que "[...] não desatende às exigências do art. 41, CPP denúncia que imputa a prática de crime de apropriação indébita a sócios administradores de empresa que deixou de recolher contribuição social descontada de seus empregados, sem individualizar a conduta de cada um dos acusados". (HC 73419-RJ, rel. Min. Ilmar Galvão, 12.03.96).

O objetivo da eventual decretação da nulidade é o respeito aos princípios do contraditório, estabelecido pelo devido processo legal. Será absoluta a nulidade se ocorrer defeito ou ausência de formalidade tão essencial que desvirtue por completo a denúncia, a queixa ou a representação. Se não ocorrer comprometimento maior, a denúncia, a queixa ou a representação, provocará nulidade relativa.

O não recebimento – que se distingue da rejeição da peça incoativa, apesar do CPP não observar a distinção – de uma denúncia ou queixa não impede a apresentação de outra, suprindo-se as lacunas que a macularam.

Por outro lado, recebida, só é possível trancar a ação penal através de *habeas corpus* e quando o impetrante demonstrar, sumariamente, que o fato descrito na denúncia ou queixa não guarda consonância com a previsão em abstrato de norma penal incriminadora ou quando, efetivamente, inexistirem indícios da autoria (ilegitimidade passiva)

A jurisprudência, por outro lado, tem sido ciosa com a necessidade de descrição da conduta dos denunciados, mas não é difícil encontrar decisões afirmando que "não desatende às exigências do art. 41 do CPP denúncia que imputa a prática de crime de apropriação indébita a sócios administradores de empresa que deixou de recolher contribuição social descontada de seus empregados, sem individualizar a conduta de cada um dos acusados". (HC 73419-RJ, rel. Min. Ilmar Galvão, 12.03.96).

10.1.2. Auto de prisão em flagrante

Observância dos requisitos contidos nos arts. 301 a 310 do CPP e art. 5°, XI, LXIII CF. As formalidades do auto de flagrante, porque constituem meio de tutela da liberdade, devem ser observadas rigorosamente nos termos do CPP em seu art. 305. (TRF 4ª R – HC 94.04.07236-2 – RS DJU 18.05.94)

A jurisprudência nacional, interpretando o art. 307 do CPP, orienta no sentido de que seja ouvido o preso e testemunhas que, em caso contrário, é nulo de pleno direito.

Efetuada a prisão e lavrado o respectivo auto, a ausência de imediata comunicação à autoridade judiciária competente invalidará o ato prisional. O exame pelo juiz, embora tenha sido mantida a praxe, para a homologação ou do pedido de liberdade provisória, independe de apreciação ou parecer do órgão do MP, cuja ausência de "vista" não determina qualquer nulidade.

A autoridade policial em caso de flagrante por delito de tóxico deve observar o disposto no artigo 37, parágrafo único, da Lei n° 6.368/76, não sendo suficiente repetir o que diz o referido dispositivo legal, pena de nulidade. Deve estar-se atento ao disposto no art. 28, § 1°, da Lei 10.409/02[24] (nova lei de tóxicos).

O texto constitucional, no inciso LXIII do referido art. 5°, assegura que "o preso será informado de seus direitos, entre os quais o de permanecer calado, sendo-lhe assegu-

---

[24] Art. 28 (...) § 1°: para efeito da lavratura do auto de prisão em flagrante e estabelecimento da autoria e materialidade do delito, é suficiente o laudo de constatação da natureza e quantidade do produto, da substância ou da droga ilícita, firmado por perito oficial ou, na falta desse, por pessoa idônea, escolhida, preferencialmente, entre as que tenham habilitação técnica.

rada a assistência da família e de advogado", devendo ser severa a observância do enunciado.

A norma constitucional assegura obediência ao princípio *nemo tenetur se detegere*, ou seja, ninguém é obrigado a depor contra seus interesses. A comunicação a membro da família é condição fundamental da regularidade do auto de prisão em flagrante, cuja inobservância o tornará imprestável.

Fica, ademais, impregnada da eiva da nulidade a prisão em flagrante se não garantida a presença do advogado para assistir o conduzido, pelo disposto não só na CF, como no Estatuto da OAB (Lei 4.215/63, art. 89, III e XV) e art. 21, parágrafo único, do CPP.

A declaração da nulidade implicará a revogação do flagrante, com a imediata soltura do flagrado. E não se trata de liberdade provisória, eis que esta depende da normalidade do APF e méritos do preso.

10.2. Alínea "b": o exame de corpo de delito nos crimes que, ressalvado o disposto no artigo 167, CPP, deixam vestígios

Característica quase sempre do dossiê inquisitorial, sem a emolduração do contraditório, discute-se se o laudo é peça informativa ou probatória? É informativa, com possível qualificação probatório-científica. Acontece que "quando a infração deixar vestígios, será indispensável o exame de corpo de delito, direto ou indireto, não podendo supri-lo a confissão do acusado" (art. 158 do CPP), sendo necessária sua execução durante as investigações policiais. Entretanto, ressalte-se que "não sendo possível o exame de corpo de delito, por haverem desaparecido os vestígios, a prova testemunhal poderá suprir a falta" (art. 167 do CPP), o que deverá ser considerado precária no inquisitório, dependendo de ratificação no momento judicial do procedimento. As provas que instruem o inquérito serão, se possíveis, sujeitas à renovação ou repetição depois de estabelecido a dialética do embate jurídico.

Art. 158, CPP: "quando a infração deixar vestígios, será indispensável o exame de corpo de delito, direto ou indireto, não podendo supri-lo a confissão do acusado", sendo necessária sua execução durante as investigações policiais, mas ressalte-se que "não sendo possível o exame de corpo de delito, por haverem desaparecido os vestígios, a prova testemunhal poderá suprir a falta" (art. 167, CPP).

Assenta-se que, nos termos do artigo 525, CPP, a *denúncia ou queixa não será recebida se não for instruída com o exame dos objetos que constituam o corpo do delito* (nos crimes contra a propriedade imaterial), enquanto a Lei de Tóxicos (art. 22, § 1º, Lei 6.368/76 e na Lei 10.409/00) satisfaz a exigência com mero laudo de constatação para oferecimento da denúncia, mas exige o definitivo (toxicológico) para sustentar a condenação e, por isto, deve ser juntado antes da manifestação final das partes nos autos (RJTJSP 109/433).

Sempre cuidar que, de acordo com o Código de Processo Penal, nos crimes que deixarem vestígios, a falta de perícia caracteriza nulidade absoluta, sendo impertinente aqui, qualquer debate em torno da nova orientação dada à Súmula 361, STF,[25] que passou a admitir sua aplicação apenas para os peritos não oficiais (*ex vi* RTI, 51/371 e 87/444), pois a matéria foi sepultada pela Lei 8.862, de 28 de março de 1994.

A discussão pede sentido como advento da Lei 11.690/08, que definiu a redação do art. 159, CPP: "O exame de corpo de delito e outras perícias serão realizados por perito oficial, portador de diploma de curso superior".

---

[25] "No processo penal, é nulo o exame realizado por um só perito, considerando-se impedido o que tiver funcionado na diligência de apreensão".

Manteve, todavia, expressamente, a exigência de "2 (duas) pessoas idôneas, portadoras de diploma de curso superior preferencialmente na área específica, dentre as que tiverem habilitação técnica relacionada com a natureza do exame" (§ 1º do mesmo dispositivo).

O juiz, nem os jurados (juízes de fato), ficam adstritos à prova pericial, podendo aceitá-lo ou rejeitá-la ainda que parcialmente (art. 182 do CPP), sem que isto acarrete nulidade. Trata-se de permissivo legal, infenso pois, ao conceito de vício.

Traz-se em reforço a lição de Edgar de Magalhães Noronha em seu *Curso de direito processual penal*:

[...] a interpretação que se tira do [...] artigo 167 é que há nulidade sempre que, presentes os vestígios do crime, não se procede àquele exame; mas se eles desapareceram, não vigora o referido artigo. Assim, se um homem foi assassinado e sepultado, não pode vingar o processo sem que se faça a exumação e a competente necropsia, mas se o homicídio consistiu, v.g., em precipitá-lo ao oceano, não tendo sido encontrado seu corpo, a prova testemunhal supre aquela perícia.[26]

A preocupação legal na qualidade da perícia não é apenas do ponto de vista da maior precisão científica, mas também porque é realizada agora, sob o crivo do contraditório e com a assistência das partes, face à redação dada ao art. 159, § 3º, CPP,[27] pela Lei 11.690/08.

A exigência legal da qualidade científica da perícia leva à conclusão da impossibilidade do servidor policial que participa diretamente da investigação preliminar, exercer a função de perito. Não se deve dispensar a realidade de que os policiais agem no inquérito com a finalidade de incriminar o agente. É do seu legítimo caráter teleológico, o que, por si desserve ao desiderato probató-

---

[26] NORONHA, Edgar Magalhães. *Curso de direito processual penal*. Saraiva: São Paulo, 1989.

[27] Art. 159, § 3º: "Serão facultadas ao Ministério Público, ao assistente de acusação, ao ofendido, ao querelante e ao acusado a formulação de quesitos e indicação de assistente técnico".

rio. Sobre a prova penal, máxime a produzida na fase inquisitorial, não deve pairar nenhuma espécie de suspeita, inclusive de parcialidade (CF, art. 5°, LVI). O laudo pericial elaborado por policiais, por vulnerar expressamente o disposto no artigo 159, § 1°, do CPP, comete-se de nulidade. É a consequência da prova produzida ilegitimamente. O prejuízo no caso é presumido *et de jure* (arts. 563 e 564, IV, do CPP).

10.3. Alínea "c": a nomeação de defensor ao réu presente, que não o tiver, ou ao ausente, e de curador ao réu menor de 21 (vinte e um) anos

O art. 2° da Lei 10.792/03, alterou o art. 185 do Código de Processo Penal, que passou a ter a seguinte redação: O acusado que comparecer perante a autoridade judiciária, no curso do processo penal, será qualificado e interrogado na presença de seu defensor, constituído ou nomeado. Supera-se antigo entendimento, passando a ser, a ausência de defensor ao ato, nulidade absoluta, pois, além do art. 185, viola-se o preceito constitucional da ampla defesa e do contraditório.

Releva ser lembrado que o art. 133 da Constituição que preceitua ser o advogado indispensável à administração da justiça e segundo o art. 261 do CPP, *"nenhum acusado, ainda que ausente ou foragido, será processado ou julgado sem defensor"*. Por outro lado: aos acusados em geral são assegurados o contraditório e a ampla defesa, com os meios e recursos a ela inerentes (art. 5°, LV, da CF). A ausência de defensor repercute imediatamente na violação ao princípio da ampla defesa, de caráter eminentemente constitucional, provocando nulidade absoluta

Os termos dessa violação vêm mitigados pelo STF, na edição da Súmula 523: "No processo penal, a falta de defesa caracteriza nulidade absoluta, mas sua deficiência só o anulará se houver prova de prejuízo para o réu". Se extremar o raciocínio garantista, não se vê resposta da contradição presente na indagação de como a *ampla defesa* – preceito constitucional – compatibiliza-se com a *deficiência* da defesa (conclusão sumulada)?

No sentido, repete-se o incoerente desprestígio pela Corte Máxima em relação aos valores constitucionais que por eles teria que velar, mas proclamara que a "ausência de defensor ao interrogatório acarreta nulidade relativa, pois só vicia o ato se demonstrado o efetivo prejuízo" (HC 62.206 – DJU de 1.2.85, p. 47). O advento da Lei nº 10.792/03 fulminou essa orientação ao alterar a redação do art. 185 do CPP: O acusado que comparecer perante a autoridade judiciária, no curso do processo penal, será qualificado e interrogado na presença de seu defensor, constituído ou nomeado.

Assim, a ausência de defensor no interrogatório viola preceitos constitucionais e legais expressos, o que conduz sua inobservância à nulidade absoluta.

Quanto ao Curador, de ver que a presença obrigatória de defensor ao acusado, sob pena de nulidade absoluta e pelo que dispõe a Súmula 352 do STF (*Não é nulo o processo penal por falta de nomeação de curador ao réu menor que teve a assistência de defensor dativo*), praticamente extinguiu a presença de Curador ao réu menor de 21 anos de idade.

Mais que isto: sobreveio a nova orientação legislativa civil sobre a menoridade (Lei 10.406/02), que teria revogado implicitamente a exigência de nomeação de Curador no processo penal. Sinal claro deste entendimento está contida na Lei 10.792/03, que revogou o art. 194[28] do Códi-

---

[28] O art. 194 tinha a seguinte redação: "Se o acusado for menor, proceder-se-á ao interrogatório na presença de curador".

go de Processo Penal. Não há mais, portanto, necessidade de nomeação de curador ao réu menor de 21 anos.[29]

10.4. Alínea "d": a intervenção do Ministério Público em todos os termos da ação penal pública por ele intentada e nos da intentada pela parte ofendida, quando se tratar de crime de Ação Pública

A segunda parte da letra "d" refere-se à ação privada subsidiária da pública (art. 29, CPP).

Registre-se, inicialmente, que não é mais admissível a ideia de Promotor *ad hoc* (art. 129, § 2º, primeira parte, da CF), que resultaria, se nomeado, em reconhecer a ilegitimidade de parte ou, como querem alguns, a inexistência dos atos por ele praticados.

A Constituição Federal, no art. 127, conceitua Ministério Público como instituição permanente, essencial à função jurisdicional do Estado, incumbindo-lhe a defesa da ordem jurídica, do regime democrático e dos interesses sociais e individuais indisponíveis. Em que pese alguns autores defenderem que se trata de nulidade de caráter absoluto, outros, acertadamente, defendem que podendo haver convalidação do defeito pela preclusão ou ratificação, é nulidade relativa. É a *mens legislatoris* do art. 572, CPP.

Sendo impossível suprir a omissão, é certo que a ausência de alegações finais do representante do Ministério Público importa em nulidade do ato e do processo (RT 596/359). Significa dizer que a defesa fica sem meios de exercer o princípio da ampla defesa, além da falha institucional do *parquet*.

---

[29] Entendimento do respeitado processualista Eugenio Pacelli de Oliveira (OLIVEIRA, Eugenio Pacelli. *Curso de Processo Penal*. Rio de Janeiro: Lumen Juris, 2009, p. 714).

O Ministério Público pode recorrer desde que não haja concorrência com a legitimidade (iniciativa da defesa), em favor do acusado quando a ação é pública. Mas, segundo entendimento da maioria dos doutrinadores e jurisprudência, não tem legitimidade para apelar da absolutória sentença proferida na ação penal de iniciativa privada, pois ausente da titularidade do *jus accusandi*. O promotor de justiça pode recorrer em favor do réu, pleiteando absolvição ou pedindo redução da pena, ainda que existão decisões no sentido de que não lhe cabe recorrer de decisão condenatória pelo réu.

As Leis 9.099/95 e 10.259/01, abalando o conceito de indisponibilidade da ação penal, outorgam à função ministerial, nos processos da competência dos JECs, novas e relevantes atribuições, gerando o que se está denominando de disponibilidade regrada. Observe-se, a respeito, recente Súmula do STF:

Súmula nº 696. Reunidos os pressupostos legais permissivos da suspensão condicional do processo, mas se recusando o promotor de justiça a propô-la, o juiz, dissentindo, remeterá a questão ao procurador-geral, aplicando-se por analogia o art. 28 do código de processo penal.

Para outros crimes indicados na referida lei, o Ministério Público tem a iniciativa do oferecimento da suspensão condicional do processo. Em qualquer das hipóteses, a intervenção ministerial é imprescindível, em que pese o acirrado debate a respeito da segunda, quando entendem alguns que na omissão na oferta da suspensão ou recusa injustificada, poderá haver iniciativa do magistrado para sua promoção. Outros condicionam a possibilidade de suspensão à iniciativa do autor do fato para que possa suprir a omissão ministerial. Inclina-se a doutrina e a jurisprudência, em que pese a expressiva corrente contrária, que a iniciativa é exclusiva do Ministério Público, devendo, se for o caso, serem os autos remetidos ao Procurador-Geral da Justiça para suprir a negativa do seu agente.

10.5. Alínea "e": a citação do réu para ver-se processar, o seu interrogatório, quando presente, e os prazos concedidos à acusação e à defesa

Importa observar que o feito não se inicia mais com o interrogatório do réu. Sendo ele citado, agora deverá apresentar resposta à acusação, conforme a alteração trazida pela 11.719/08 que deu ao art. 396 a seguinte redação: "Nos procedimentos ordinário e sumário, oferecida a denúncia ou queixa, o juiz, se não a rejeitar liminarmente, recebê-la-á e ordenará a citação do acusado para responder à acusação, por escrito, no prazo de 10 (dez) dias".

10.5.1. Citação

Através da citação, que é o meio para dar ciência ao acusado sobre a imputação e seu chamamento em juízo para responder à ação proposta através da denúncia ou queixa, há a efetividade dos atos de comunicação, condição ao exercício dos direitos constitucionais, especialmente da ampla defesa e do contraditório. Os requisitos do ato para evitar a nulidade estão previstos nos artigos 352, 354, 357, CPP.

O acusado será citado pessoalmente, como regra, por mandado a ser cumprido por oficial de justiça. Todavia, é válida a citação feita pelo Escrivão, em Cartório, de vez que detém fé pública. Importante que o Oficial de Justiça ou o Escrivão atendam às diligências do art. 357 do CPP, lendo o mandado ao citando, entregando-lhe a contrafé com data e hora do ato e, ainda, a certificação dos detalhes do ato (incisos I e II).

Atenção para o art. 2º da Lei 10.792/03, que alterou a redação do art. 360, CPP: "art. 360. Se o réu estiver preso, será pessoalmente citado".

A instrumentalização do ato citatório deve observar formalidades intrínsecas, como ser acompanhada de cópia da denúncia, data do interrogatório, indicação do juízo processante etc., bem como extrínsecas, como a forma de cumprimento (mandado, edital) para evitar sua nulificação.

Se comprovadamente em lugar incerto, ocultando-se para evitar o ato, estando em local inacessível ou sendo incerta a pessoa a ser citada, a citação dar-se-á por edital (arts. 361 e seguintes, CPP). As condições para tal citação devem ser rigorosamente observadas, especialmente o esforço à exaustão para localizar o acusado.

Alguns cuidados estão sendo dispensados pelos Tribunais, minimizando as formalidades em seu torno. Assim, "não é nula a citação por edital que indica o dispositivo da lei penal, embora não transcreva a denúncia ou queixa, ou não resuma os fatos em que se baseia" (Súmula 366, STF).

O réu preso será sempre citado para responder a acusação (art. 396) e requisitado para comparecer aos atos do processo, não sendo legítima sua citação editalícia[30] (nulidade absoluta). Será citado e requisitado, não bastando a última providência que é de caráter administrativo e que hoje perdeu sentido, vez que atos iniciais dispensam a presença do réu ao foro (resposta à acusação). Será requisitado para os atos de instrução e, obviamente, para seu interrogatório.

Registre-se que "é nula a citação por edital de réu preso na mesma Unidade da Federação em que o juiz exerce jurisdição" (Súmula 351, STF).

Já se decidiu que a "citação por edital é providência anômala e excepcional que somente se justifica diante da impossibilidade absoluta de comunicação pessoal do acu-

---

[30] Observe-se a Súmula 351, STF – É nula a citação por edital de réu preso na mesma unidade da Federação em que o juiz exerce a sua jurisdição.

sado. É nula a sentença condenatória quando a citação foi feita por edital e constava nos autos o endereço residencial da Paciente, onde ela foi procurada somente na fase de execução da sentença condenatória [...]" (TJ-RS, A.C. no. 294202924, I Câmara Criminal, Santa Maria, 21-12-94).

O defeito de citação dá margem à nulidade de caráter absoluto. Todavia, a falta ou a nulidade da citação estará sanada desde que o interessado compareça antes de o ato consumar-se (art. 570 do CPP). Não se trata, porém, de convalidação, mas de sucessão de ato citatório que dispensa a anterior. Porém, haverá nulidade insanável, se a falta de citação prejudicar a defesa do acusado, não sendo possível a convalidação do vício, apenas pelo comparecimento do réu ao ato.

O STF decidiu que não é necessária a requisição de réu preso na Comarca de origem para audiência em comarca deprecada (RTJ 107/445).

Mas é do mesmo tribunal a lição em sentido contrário:

> A *garantia constitucional* da plenitude de defesa: *uma das projeções concretizadoras* da cláusula do *due process of law*. Caráter global e abrangente da função defensiva: *defesa técnica e autodefesa* (direito de audiência *e* direito de presença). *Pacto internacional* sobre direitos civis e políticos/onu (art. 14, n. 3, "d") *e convenção americana* de direitos humanos/oea (art. 8º, § 2º, "d" e "f"). *Dever do estado* de assegurar, *ao réu preso*, o exercício dessa prerrogativa essencial, *especialmente a de comparecer* à audiência de inquirição das testemunhas, *ainda* mais quando arroladas pelo ministério público. *Razões* de conveniência administrativa *ou* governamental *não podem legitimar* o desrespeito *nem comprometer* a eficácia *e* a observância dessa franquia constitucional. *Doutrina. Precedentes.* Medida cautelar *deferida.* (STF – Habeas Corpus 86.634-4 Rio de Janeiro – Rel. Min. Celso De Mello)

A matéria, portanto, não é pacífica. Sempre importante lembrar que o direito à ampla defesa no processo penal, realiza-se por meio do direito à autodefesa e do direito de presença, que não pode ser restringido (STF HC 67.755-0, DJU 12.10.92, p. 14.714). O réu preso será requisitado e citado, não bastando a última providência que é de caráter administrativo. Registre-se que "é nula a citação por edital de réu preso na mesma Unidade da Federação em que o juiz exerce jurisdição" (Súmula 351, STF). Repetido logo acima.

A falta de afixação do edital só acarreta nulidade se comprovado prejuízo e sua publicação na imprensa só é exigível nas comarcas em que haja imprensa oficial ou previsão de verba para publicação em órgão particular. Assim, em não havendo imprensa local, a "citação ficta precisa ser coberta por todas as cautelas possíveis impostas pela lei. Se esta determina que se publique e se afixe na porta do Fórum o edital de convocação, a inexistência desta afixação é o suficiente para que se eive de nulidade a citação inicial" (STF, RHC 410.409-SP, voto vencido, 60/687).

Importante alteração legislativa está repercutindo no andamento dos processos e foi introduzida pela Lei 9.271/96, determinando alteração na redação do artigo 366 do CPP, no sentido de que "se o acusado, citado por edital, não comparecer, nem constituir advogado, ficarão suspensos o processo e o curso do prazo prescricional [...]".
Significa dizer que, não atendida a providência o processo estará fadado à nulidade e qualquer ato – que não sejam os previstos na segunda parte da norma (*produção antecipada das provas consideradas urgentes e, se for o caso, decretar prisão preventiva*...) – serão inócuos.

Importa estar-se atento ao disposto no art. 570, CPP, que aponta uma causa especial de sanatória:

Art. 570. A falta ou a nulidade da citação, da intimação ou notificação estará sanada, desde que o interessado compareça, antes de o ato consumar-se, embora declare que o faz para o único fim de argui-la. O juiz ordenará, todavia, a suspensão ou o adiamento do ato, quando reconhecer que a irregularidade poderá prejudicar direito da parte.

Intimação é o ato pelo qual se dá conhecimento a alguém dos atos praticados no processo. Notificação é ato destinado a transmitir conhecimento de ordem do juiz para que se faça ou deixe de se fazer alguma coisa. Pela importância para as partes e segurança processual, deverá qualquer das duas ser cumpridas com o rigor técnico máximo, haja vista propiciar, no mais das vezes, a única chance de mobilização e reação ante ao ato informado ou a praticar.

10.5.2. A falta de interrogatório do acusado

A Constituição da República, em seu art. 5º, inciso LV, consagra como garantia fundamental a ampla defesa com os meios e recursos a ela inerentes. A ampla defesa não se faz unicamente através do advogado, mas também pelo próprio réu. Assim, temos a defesa técnica e a autodefesa. A primeira feita por profissional, constituído, dativo ou público, habilitado, e a última pelo réu pessoalmente nas oportunidades em que possa deter o conhecimento e a possibilidade de reação, sem dependência técnica, principalmente quando ouvido pelo juiz.

A presença do réu é determinante para a autodefesa durante a instrução criminal, fato que pode ser de grande utilidade para o advogado, uma vez que aquele pode sugerir perguntas a serem feitas, informar sobre as testemunhas, sabe como os fatos ocorreram.

Depois de árduo debate na jurisprudência, com inclinação majoritária no sentido de que era dispensável o defensor no ato de interrogatório do acusado, pelos mais variados argumentos, entre eles o absurdo de afirmar a ausência de prejuízo para o interrogando, sobreveio a Lei 10.792/03, que, por seu art. 2º, alterou o art. 185 do Código de Processo Penal, que passou a ter a seguinte redação: "O acusado que comparecer perante a autoridade judiciária, no curso do processo penal, será qualificado e interrogado na presença de seu defensor, constituído ou nomeado", assegurando a garantia da ampla defesa aos interrogandos.

Vale a pena lembrar que o julgamento pelo tribunal popular só poderá ser realizado com a presença do réu, salvo se se tratar de crime afiançável (art. 451, § 1º, CPP). O auge da autodefesa consiste no interrogatório, por isto que sua ausência, quando presente o acusado, é erigida em nulidade pelo CPP.

Não é de confundir-se, porém, omissão do ato com o direito do réu em permanecer em silêncio que, sabidamente, é preceito constitucional e, assim, direito do acusado (inciso LXIII do art. 5º, CF), o que impõe a releitura do art. 186 do diploma formal, cuja observância limita-se à primeira parte da norma. A advertência do risco, da segunda parte, é gestão nulificadora do ato. Com mais razão, nenhuma valia tem o art. 198 do CPP, determinando que "o silêncio do acusado não importará confissão, mas poderá constituir elemento para a formação do convencimento do juiz".

O interrogatório, como ato essencial do processo e realização da ampla defesa assegurada na Carta Constitucional, deve ser sempre oportunizado, mesmo quando, estando revel, comparece no processo após a instrução. Assim o "interrogatório do réu, consubstanciado autodefesa, exsurge como imperativo jurídico-constitucional. Verificado antes do julgamento da apelação, em face de prisão ocorrida, impossível é falar em nulidade do processo". (STF – HC 73.827-3-SP – 2ª T. – Rel. Min. Marco Aurélio – DJU 04.10.96).

Retoma-se apenas para lembrar que o art. 194 do CPP foi revogado pela Lei nº 10.792, de 1º.12.2003, dando por superado o intenso debate sobre a presença de curador no processo penal, tal como referido acima.

10.5.3. Prazos

A obediência dos prazos é regra de caráter quase cogente no CPP, afora situações especiais, mas sua concessão para que as partes tomem as providências ofensivas ou defensivas envolve o princípio do contraditório. Esta a inteligência da última parte da alínea "e", inciso III, do artigo 564, CPP.

Algumas vezes a concessão dos prazos deve observar as consequências abrangentes e o cumprimento dos prazos mais rigoroso, especialmente quando tratar-se de réu preso. Por isto que a jurisprudência é que tem acolhido o método do somatório dos prazos processuais, nos feitos em que o acusado está preso, em oitenta e um dias. Todavia, não há que se falar em nulidade pelo seu descumprimento, assegurados que foi às partes o seu proveito. A repercussão do atraso é a libertação do réu, se ele não é o responsável pela procrastinação.

Por violar o princípio da ampla defesa, a não concessão de prazos como o para apresentação de defesa prévia, alegações finais, razões e contrarrazões recursais são tomadas como nulidade absolutas. Não se pode confundir é a ausência de tais manifestações – algumas sem perder o caráter de nulidades absoluta – e a falta de oportunidade para sua consecução, esta juridicamente irremediável.

Considerando a necessidade de observância de tratamento isonômico entre as partes, sempre será dada oportunidade de a outra manifestar-se se a parte contrária inovar no feito, tiver alguma atividade ou iniciativa com implicações processuais.

10.6. Alínea "f": a sentença de pronúncia, o libelo e a entrega da respectiva cópia, com rol de testemunhas, nos processos perante o tribunal do júri

10.6.1. Decisão de pronúncia

A pronúncia (denominada "sentença" antes da reforma de 2008) é peça inerente e essencial ao procedimento do Júri (pronúncia é ato-condição do julgamento pelo Tribunal do Júri) e sua ausência no processo configura nulidade absoluta, na rara e inimaginável hipótese de ulterior tramitação do feito sem ela.

Trata-se de uma decisão processual com o caráter declaratório e de natureza interlocutória mista – de vez que extingue uma fase processual (*judicium accusationis*) – exige fundamentação (art. 381, III, CPP, e 93, IX, CF) como condição de validade que, todavia, não pode ser extensa, para evitar influência sobre o ânimo dos jurados. Caso contrário, gera a nulidade da sentença. Neste hipótese, ela deve ser desentranhada dos autos (HC 610.133-1, STF, rel. Celso de Mello – DJU de 26.06.92, p. 10.106).

A reforma de 2008 aboliu do sistema do tribunal popular a exigência de libelo e, por consequência, de sua entrega ao réu. Assim, implicitamente, está mantida apenas a primeira parte da alínea "f" do art. 564, CPP.

A fase do libelo e de sua contrariedade foi substituída pelo disposto no art. 422 e, ao invés de libelo e sua contrariedade, as partes poderão, "no prazo de 5 (cinco) dias, apresentarem rol de testemunhas que irão depor em plenário, até o máximo de 5 (cinco), oportunidade em que poderão juntar documentos e requerer diligência".

Em que pese alguma hesitação inicial sobre a linguagem moderada a ser empregada na sentença, que era exigência histórica, recente decisão o STF, entendeu que;

> [...] Concluiu-se pela falta de interesse de agir da impetração ante a superveniência da Lei 11.689/2008 – que alterou dispositivos do Código de Processo Penal referentes ao tribunal do júri –, haja vista que, com a referida reforma, não existe mais a possibilidade de leitura da sentença de pronúncia no plenário do tribunal do júri (CPP: "art. 478. Durante os debates as partes não poderão, sob pena de nulidade, fazer referências: I – à decisão de pronúncia, às decisões posteriores que julgaram admissível a acusação ou à determinação do uso de algemas como argumento de autoridade que beneficiem ou prejudiquem o acusado [...] (HC 96123/SP, rel. Min. Carlos Britto, 3.2.2009).

Obviamente que essa decisão é a expressão da forte vocação punitivista da jurisprudência nacional. Esquece a decisão da Corte Suprema que será entregue aos jurados cópia da pronúncia (art. 472, parágrafo único). Ora, os jurados são leigos, e a leitura da pronúncia, mais que antes – quando era permitido o debate sobre ela – poderá ser interpretada conforme a orientação do texto para a formação do convencimento do julgador colegiado.

Todavia, a 5ª Turma do STJ anulou uma sentença de pronúncia do juízo singular por excesso de linguagem do juiz, entendendo que, "da forma como a decisão foi redigida, poderia influenciar desfavoravelmente o Tribunal de Júri" (HC nº 142803 – TJ-SC), restabelecendo o cuidado necessário com a decisão de pronúncia e sua leitura pelos jurados.

Alteração significativa trazida pela reforma de 2008 (Lei 11.689/08) é a que regulamenta a intimação da decisão de pronúncia. Pela sistemática anterior, o processo era suspenso enquanto o acusado não fosse intimado pessoalmente da pronúncia, em caso de crime inafiançável. Mas, com as inovações trazidas pela reforma, a intimação da decisão de pronúncia e da data da sessão de julgamento será feita pessoalmente ao acusado, ao defensor nomeado/público e ao Ministério Público. O Defensor constituído será intimado por publicação no órgão incumbido da publicidade dos atos judiciais na comarca, normalmente no Diário Oficial. No mesmo sentido, no caso de ação penal privada subsidiária, a intimação do querelante será promovida por este tipo de publicação, bem como ao Assistente de acusação.

Expressando a alteração referida acima, se o acusado solto não for encontrado, será intimado por edital, abolindo-se a diferenciação entre crime inafiançável e crime afiançável e a possibilidade de paralisação do feito.

10.7. Alínea "g": falta de intimação do réu para julgamento no júri

A nulidade se dirige a impugnar a omissão intimatória, mas não à liberdade de comparecer ou não ao julgamento que, ao contrário da sistemática anterior, não implicará adiamento do julgamento em plenário, pois, conforme o art. 457, CPP, o "julgamento não será adiado pelo não comparecimento do acusado solto, do assistente ou do advogado do querelante, que tiver sido regularmente intimado".

O art. 457, § 2º, CPP, preserva o direito de presença do réu preso, mas abre uma exceção, *verbis*: "Se o acusado preso não for conduzido, o julgamento será adiado para o primeiro dia desimpedido da mesma reunião, salvo se houver pedido de dispensa de comparecimento subscrito por ele e seu defensor". Assim, sem a concordância pessoal do acusado preso, o julgamento será anulado.

10.8. Alínea "h": falta de intimação de testemunhas arroladas no libelo ou na contrariedade

Para inquirição em plenário, as partes devem indicar com antecedência e correção o endereço das testemunhas (art. 422).

Ao contrário dos demais procedimentos, as testemunhas arroladas para depoimento em plenário são consideradas prescindíveis, que mais não significa que, se intimadas e ausentes ao ato – no caso o plenário do Júri – não prejudicarão sua realização. No sistema processual apenas no procedimento do Júri admite tal circunstância. Todavia, podem elas ser arroladas com o caráter de imprescindibilidade do depoimento, o que determina o adiamento do julgamento pela sua ausência, mormente – como trata a norma – não forem intimadas, tal como dispõe o art. 461, CPP: "O julgamento não será adiado se a testemunha deixar de comparecer, salvo se uma das partes tiver requerido a sua intimação por mandado, na oportunidade de que trata o art. 422 deste Código, declarando não prescindir do depoimento e indicando a sua localização".

Por isto decidiu o Tribunal gaúcho:

[...] Em contrapartida, a falta de oitiva, em Plenário, de testemunha arrolada pela acusação em caráter imprescindível, vez que não ocorreu o adiamento da sessão previsto no art. 455 do CPP, é causa de nulidade absoluta, devendo ser o réu submetido a novo julgamento. (Apelação 694141490, 4. Ccrim, TJRS, Rel. Des. Érico Barone Pires).

Se não forem encontradas no endereço indicado para sua intimação, mesmo apontado seu depoimento como imprescindível, não acarretará o adiamento nem, via de consequência, sua nulidade.

Se o depoimento não tiver o caráter de imprescindível, a ausência da testemunha, devidamente intimada, não será motivo para adiamento do julgamento nem acarretará nulidade.

10.9. Alínea "i": presença de pelo menos 15 (quinze) jurados para a constituição do júri

Trata-se de nulidade absoluta. O juiz não pode determinar a instalação da sessão sem a presença do *quorum* mínimo de 15 jurados dos 25 sorteados para a reunião, sob pena de violação do art. 463, CPP. Cuidou o legislador de estabelecer o número mínimo no dobro mais um da composição do Conselho de Sentença (sete jurados). Certo que este cálculo não será prejudicado em face dos jurados excluídos por impedimento ou suspeição, que serão computados para a constituição do número legal.

10.10. Alínea "j": o sorteio dos jurados do conselho de sentença em número legal e sua incomunicabilidade

10.10.1. Sorteio dos jurados

Entendem alguns doutos que a lei se refere aos dois sorteios de jurados. Um, na preparação do Júri para escolha dos que atuarão na próxima reunião (art. 433, CPP) e, outro, quando da formação do Conselho de Sentença (art. 467, CPP). O número legal é de 25 (vinte e cinco) para a primeira hipótese e 7 (sete) para a segunda. Naquele, há nulidade relativa se não obedecida a quantificação da norma, precluindo se não houver reclamação na oportunidade do artigo 571, V, CPP; nesta, por tratar de integridade do juiz natural, é absoluta. Em qualquer das hipóteses, adequados aos momentos processuais distintos, é importante que se dê ampla publicidade aos sorteios.

Não é de perder de vista a Súmula 100 do STF, ao decidir que é "nulo o julgamento ulterior pelo júri com a participação de jurado que funcionou em julgamento anterior do mesmo processo".

10.10.2. Incomunicabilidade dos jurados

Trata-se da incomunicabilidade dos jurados sorteados para o Conselho de Sentença que se diferencia conforme a relação com outrem: Se com estranhos ao julgamento, a vedação de qualquer contato é rigorosa; se entre os próprios jurados e pessoas envolvidas no julgamento, a restrição diz respeito ao processo e ao fato em julgamento. Objetiva a norma impedir que o jurado exteriorize seu convencimento e venha exercer influência sobre a convicção de outro jurado, em prejuízo ou benefício de qualquer das partes. Viola, por outro lado, o sigilo que deve cercar a votação, se antecipar a sua decisão. Podem conversar sobre qualquer outro assunto não relacionado ao julgamento. Já foi decidido que "não se pode exigir que essa incomunicabilidade absoluta se estenda até o momento em que os jurados não estão em sessão, mas sim em recesso ou mesmo para uma outra postura urgente, desde que a comunicação não se refira ao fato em julgamento"(RTJ 104/1267).

Quanto aos aspectos formais do registro, a jurisprudência tem sido flexível:

> Considera-se desarrazoada a pretensão de anular-se o julgamento do Júri pela falta de assinaturas do magistrado e do escrivão no termo de incomunicabilidade dos jurados, cuja quebra não foi denunciada, assim como não restou demonstrado prejuízo para a defesa, por não influir na verdade substancial ou na decisão da causa. *Habeas Corpus* indeferido. (Habeas Corpus nº 72911-8 – SC, Rel. Min. Maurício Corrêa, STF, j. 10-10-95, un., DJU 09-02-96, p. 2074).

10.11. Alínea "k": os quesitos e as respectivas respostas

O artigo 482, CPP, estabelece regras para a elaboração do questionário para votação pelo Conselho de Sentença que será questionado sobre matéria de fato e se o acusado deve ser absolvido (*caput*). O dispositivo, por seu parágrafo único, é minudente e de meridiana clareza, incumbindo ao juiz-presidente levar "[...] em conta os termos da pronúncia ou das decisões posteriores que julgaram admissível a acusação, do interrogatório e das alegações das partes, tendo como fontes substanciais o libelo-crime acusatório e a manifestação da defesa em plenário." (o MP pode pleitear agravantes em plenário). Eventualmente, podem ocorrer quesitos em função de questões acidentais (ex. necessidade de perícia, de exame de sanidade mental etc.). O art. 483 implementa esse regramento.

Há momento azado para a impugnação dos quesitos (redação), que é o da sua leitura em plenário, pena de preclusão. Todavia, tem decidido o STF que, evidenciada a *perplexidade* dos jurados pela redação complexa a falta de impugnação dos quesitos, no momento de sua formulação e explicação, não acarreta a preclusão. Entende-se que a nulidade é de caráter absoluto e, assim, sujeita a proclamação com ou sem provocação das partes, de ofício, levando à anulação do julgamento (STF, HC n° 73387-5/130, Boletim n° 23).

A leitura e explicação dos quesitos em plenário (art. 484, e par. único, CPP), implica sua publicação e, fora correções derivadas das reclamações pelas partes, expostas publicamente, não poderá o questionário ser alterado para a votação. A medida que são votados, são transcritos no termo de julgamento. Assim, seja a presença nos autos da peça onde estão redigidos os quesitos lidos em plenário e sua transcrição no termo são imprescindíveis, pena de nulidade absoluta. Trata-se de dar ao público e, especialmente, ao réu, ciência do que vai ser e o que foi votado na sala secreta (especial) e, assim, ato inerente à publicidade cobrada constitucionalmente e exercício efetivo da defesa. Lembra-se que o réu não estará presente na sala de votação.

Lembra-se de que "é absoluta a nulidade do julgamento, pelo júri, por falta de quesito obrigatório" (Súmula 156, STF) e é também insanável a nulidade quando "os quesitos da defesa não precedem aos das circunstâncias agravantes" (Súmula 162, STF).

"Se a resposta a qualquer dos quesitos estiver em contradição com outra ou outras já proferidas, o juiz, explicando aos jurados em que consiste a contradição, submeterá novamente à votação os quesitos a que se referirem tais respostas" (art. 489, CPP). Certo que o magistrado deve ter absoluta certeza de que a contradição derivou de erro do jurado, e não de sua natural, ainda que equivocada, convicção. Nesta hipótese, poderá o julgamento ser anulado por decisão manifestamente contrária à prova dos autos (art. 593, III, "d", CPP). Se o magistrado abusar de sua gestão esclarecedora, haverá anulação do julgamento.

10.12. Alínea "l": a acusação e a defesa, na sessão de julgamento

A matéria versa sobre a realização do princípio do contraditório e do interesse de, da dialética de plenário, resultar plena informação aos jurados para alcançar o veredicto mais justo. Portanto, a previsão legal trata sobre nulidade absoluta.

A norma refere-se, evidentemente, à necessária presença do Ministério Público ou acusador particular se for o caso, sendo irrelevante a ausência do assistente. Ausente o MP, o Júri será adiado. Sem justificação do Promotor para sua falta, o fato será comunicado ao Procurador-Geral da Justiça (art. 448, CPP).

Vale o registro de que é vedada a nomeação de Promotor *ad hoc* nos termos da LOMIN (art. 55) e da CF (art. 129).

O julgamento sem acusação é ato inexistente, e não simplesmente nulo. Ausente o acusador particular com justa causa, o julgamento será adiado (art. 451, CPP); se injustificada a falta, a acusação será deferida ao Ministério Público (art. 452, CPP).

No caso de o Acusador Particular (art. 45) se recusar em debater a causa, o Promotor, se presente, poderá sanar o defeito nos termos do art. 29, CPP, última parte. Importante assinalar que no caso da letra "I", não haverá nulidade se o Promotor opinar pela absolvição do réu (art. 385).

Se ausente o defensor, o Júri deverá ser adiado. Injustificada a ausência, o Juiz nomeará advogado ao réu, que deverá atuar na nova data, ressalvado o direito ao réu de ser defendido por quem indicar. O Juiz comunicará a OAB sobre a omissão do defensor do réu (arts. 449 e 450, CPP).

É caso de nulidade absoluta a hipótese de nomeação de defensor outro ao ser constatada a ausência do advogado do acusado, para julgamento na mesma data.

De outra sorte haverá falta de defesa e, consequentemente, absoluta nulidade se o advogado defensor reconhecer procedente a acusação nos termos do libelo e pedir a condenação.

10.13. Alínea "m": a sentença

Evidentemente que a ausência material da sentença não resulta simplesmente em ato nulo. Sem esta manifestação jurisdicional não há ato nulo ou anulável. Trata-se de inexistência mais abrangente que a considerada neste estudo para os atos efetivamente praticados, mas ineficazes.

Assim, o inciso trata de nulidade da própria sentença que tem como efeito mais significativo o fato de, mantido o vício, transitar em julgado. Em tal hipótese, apenas o juízo revisional pode proclamar a nulidade. Ora, como não concorre revisão *pro societate*, não haverá como declarar a invalidade do ato (sentença).

A sentença tem a sua estrutura formal estabelecida no artigo 381, CPP, cujo comando exarado no cabeço é de caráter cogente.

Assim, por conclusão doutrinária, os incisos I e II expressam o segmento do relatório, cuja ausência implicará certamente nulidade por violar a norma em comento. Mas tanto no plano jurisprudencial como no legislativo, o relatório com a rigidez pretendida pela norma e acatada tradicionalmente está perdendo o prestígio. Assim: Existem decisões sustentando que a nulidade pode ser superada pela fundamentação (STF, 545/463) enquanto que o art. 81, § 3º, da Lei 9099/95 – Juizados Especiais – dispensao nas decisões propaladas nos Juizados Especiais Criminais.

Erros Materiais (corrigíveis) ou omissões irrelevantes da sentença não a anulam. Ex. Nome, data, local... (STF, RT 684/393).

10.13.1. Requisitos da sentença

Em sentido geral, são considerados pela doutrina requisitos da sentença, cuja desatenção podem levar à nulidade:

Formais:

a) Forma escrita ou reduzida a termo (art. 388, CPP);

b) Idioma vernáculo;

c) Redação, que obedecerá à linguagem da lei e estilo forense, a expressão indicativa e categórica, o emprego da 1ª pessoa do singular e o cuidado com a grafia.

Depreende-se pelo que já foi estudado, que apenas a primeira e a segunda implicarão nulidade ou, mais precisamente, inexistência. É inimaginável a sentença não convertida em documento escrito. No mesmo sentido, lavrada em língua estrangeira.

As demais, evidentemente que dependerão da gravidade e da repercussão da prática defeituosa, dificilmente provocando a nulidade sentencial. De qualquer maneira, são nulidades de caráter relativo, dependentes de provocação das partes, pena de efeito preclusivo.

Existenciais:

Os existenciais propriamente ditos, que se resolvem pela sua prolação; a validade, que se resolve com a fundamentação e o trânsito em julgado para que produza sua eficácia. A sentença tem que ter existência material, como já referido. Tratando-se de ordem constitucional (art. 93, IX, CF), mas que já era prevista na lei ordinária (art. 381, III, CPP), a fundamentação é imprescindível e sua ausência, contradição lógico-jurídica macula letalmente o ato. Atente-se, todavia, que a deficiência de fundamentação pode ser suprida em segundo grau, sem contaminar a sentença com nulidade. Todavia, a extrema concisão do ato pode nulificá-lo.

10.13.2. Vícios da sentença

Por outro lado, não é de perder de vista o elenco de vícios da sentença, aceito doutrinariamente:

Os vícios de conteúdo manifestados na sentença são os que implicam decisões *extra petita, ultra petita* e *citra petita*. Nas duas primeiras situações, a solução está que, em grau recursal, decotando-a, adaptando-a à pretensão ou ao que fora efetivamente pedido. Não resulta necessariamente em nulidade sem excluir, porém, tal possibilidade. Mas a última não tem conserto na instância recursal, eis que, *contrario sensu*, se estaria diante da violação do principio do juiz natural. Significa dizer que a via única é a anulação da sentença, para que outra seja prolatada pelo juiz originariamente competente. Por tratar-se de vedação estabelecido em preceito constitucional, a nulidade é de caráter absoluto.

A ausência de dispositivo (art. 381, IV e V, CPP), ou, nele, a omissão dos artigos de lei leva fatalmente à nulidade, não sendo tratada com contemplação a presença do vício. Por tratar do segmento sentencial que repercute na *res judicata* não é possível prescindir da obediência da ordem legal. Mais uma vez, a nulidade é de caráter absoluto.

Quanto à autenticação, a lei (art. 381, VI, CPP) conforma-se o texto legal (art. 381, VI, CPP) com a data e a assinatura do juiz. Mas é importante também que seja declinado o local (cidade, comarca), pois a *mens legis* versa sobre competência. É de saber se o juiz prolator detinha a jurisdição no território e tempo do processo. Estando em férias, licença, sendo promovido etc., e ainda assim emitir a decisão, ela será absolutamente nula. A assinatura na sentença faz a diferença entre sua existência ou inexistência.

Por fim, merecem cuidados especiais a fundamentação e individualização da pena. A observância do sistema trifásico consagrado no art. 68, CP, os limites da pena básica, o registro e influência dosimétrica das circunstâncias legais, a atenção aos valores fracionários das causas especiais, são imposições para a perfeição deste segmento do ato sentencial. As omissões e os erros contaminam toda a sentença. Todavia, existem decisões que anulam apenas parcialmente o *decisum*, conforme controvertidas decisões decisão do STF e de outro tribunais.

O vício de "integritação" da sentença envolve a sua anulação por outra. O ato, se praticado, é rigorosamente ineficaz, mesmo porque se trata de encerramento da jurisdição e da absoluta autonomia das decisões. Nulidade absoluta, pois.

No mesmo sentido a que está eivada do vício de remissão, ou seja, aquela que se aproveita das razões de outra, como as suas e, na mesma esteira, o vício de adoção, também conhecida como fundamentação, que resulta do proveito das razões de uma das partes como da decisão. É conhecida como fundamentação *ad relationem* e, em que pese censurada em primeiro grau, causando a nulidade da sentença, não tem a mesma repercussão em segunda instância.

10.14. Alínea "n": o recurso de ofício nos casos em que a lei o tenha estabelecido

Ressalta-se que o recurso de ofício previsto para a absolvição sumária no procedimento do Júri (antigo art. 411) foi abolido pela Lei 11.689/08.

O recurso de ofício, anacrônico e arbitrário instituto jurídico, tem previsão legal, contrariando a vocação nacional, apenas em decisões judiciais que favorecem o acusado. É exigido para as hipóteses de absolvição sumária nos processos que envolvem crimes dolosos contra a vida (art. 574, c/c art. 411, CPP); para as hipóteses de concessão de *habeas corpus* (art. 574, I, CPP); que conceder a reabilitação (art. 746, CPP); e nas decisões absolutórias por crime contra a economia popular, contra a saúde pública ou quando arquivarem os respectivos processos (art. 7º da Lei 1.521 de 26 de dezembro de 1951).

Para assegurar o conhecimento do segundo grau nos casos em que é obrigatório o recurso judicial, o Supremo Tribunal Federal editou a Súmula 344, destinada à instância originária para julgamento: *A sentença de primeira instância, concessiva de "habeas corpus", em caso de crime praticado em detrimento de bens, serviços ou interesses da União, está sujeita a recurso "ex officio"*. Ora, tratado o tema, como o foi no artigo 574, I, do diploma processual, a Corte Suprema apenas adotou um *plus* recursal desnecessário. Afinal, a norma codificada não excluía as hipóteses previstas na Súmula.

A respeito do tema, outra Súmula do STF refere que não transita em julgado a sentença que houver omitido o recurso *ex officio*, a não ser que haja recurso voluntário (Súmula 423).

Em verdade, o STF legislou positivamente. É que o recurso oficial, previsto no famoso Decreto-Lei 167/38, o qual deu origem às normas codificadas em 1942, quando foi trasladado o conjunto legal para integrar o CPP, o legislador afastou o anômalo instituto, preferindo integrar a omissão como a nulidade prevista no artigo 563, III, "n", CPP. Então é de concluir que os ministros que editaram a Súmula 423 não ficaram satisfeito com o opção do Congresso e se acharam no dever(?) de suprir a norma, repristinando através da Súmula a norma rejeitada pelo Poder

Legislativo, invadindo a esfera de atribuição de outro Poder da República.

A Súmula, pois, pela absurda violação à independência dos Poderes, não tem qualquer eficácia.

O verbete 160 do STF (é nula a decisão do tribunal que acolhe, contra o réu, nulidade não arguida no recurso da acusação, *ressalvados os casos de recurso de ofício*), pela parte final de sua redação, afasta a possibilidade de aplicação do princípio da *ne reformatio in pejus*, autorizando o segundo grau a decidir contra o acusado, mesmo que o Ministério Público não suscite a nulidade. Isto é, uma das mais caras garantias do Estado Democrático de Direito, no tanto que se refere ao Poder Judiciário, é gravemente revogada pela vontade dos dignos Ministros do STF

Incompreensível, por outro lado, a ausência de maior reação da sociedade jurídica contra tamanha arbitrariedade.

É de lembrar que existe moderna corrente jurisprudencial atestando que o recurso é inconstitucional, pois estaria ferindo os princípios de direito que impõem ao magistrado sua imparcialidade, ou que estaria usurpando ao Ministério Público sua atribuição como parte e, ainda, como titular da ação penal, que estaria prorrogado para o instante recursal. Os adeptos desta corrente entendem inaplicável a exigência do recurso *ex officio*

Mas a jurisprudência majoritária e a doutrina admitem a persistência constitucional e ordinária do recurso *ex officio*, ainda que sob outras vestes conceituais: Ada Pellegrini Grinover, Antônio Scarance Fernandes e Antonio Magalhães Gomes Filho[31] pretendem que "o denominado recurso de ofício, ou obrigatório, não guarda natureza de recurso, mas sim de condição de eficácia da decisão, que só transita em julgado após a confirmação no grau supe-

---
[31] Obra citada.

rior [...]" (p. 234), e, mais adiante, referem que "dessa forma o art. 564, III, *n*, só pode referir-se à invalidade de atos posteriores à falta da remessa, a partir da certidão do trânsito em julgado" (p. 235). Todavia, lembra-se, os tribunais não têm apenas se limitado a anular a decisão ou revogar a certidão de trânsito em julgado. Existem várias decisões que reformam a de primeiro grau, promovendo, v.g., a pronúncia do réu absolvido no juízo monocrático.

É de registrar que o recurso de ofício está suprimido no projeto do novo Código, já aprovado no Senado e tramitando na Câmara dos Deputados (PLS 156), estando sua existência, portanto, com os dias contados.

10.15. Alínea "o": a intimação, nas condições estabelecidas pela lei, para ciência das sentenças e despachos de que caiba recurso

Ato essencial para realização do princípio do contraditório, assecuratório, ainda, do duplo grau de jurisdição, é a intimação da sentença um dos mais importantes do processo penal. Envolve, pois, nulidade de caráter absoluto a sua omissão ou defeito.

A própria lei trata de conferir, no cabível, similitude entre a intimação e a citação (art. 370, CPP), aplicando-se àquelas as regras desta (art. 351), ainda que com finalidades bem distintas.

São as intimações necessárias para ciência dos despachos (nulidades relativas) de efetividade dos atos de comunicação que, diferentemente do que ocorre para a citação, não precisa, necessariamente, ser feita pessoalmente ao interessado, salvo quando se tratar de sentença condenatória. O réu deve, tanto quanto possível, ser intimado desta decisão pessoalmente, tolerando-se a por edital do réu revel (cuja localização deve ser exaustivamente tentada, ainda que já declarada a revelia).

Os atos interessantes ao defensor constituído ou do advogado do querelante podem ser feitos através de nota de expediente. Bem assim será a do assistente da acusação. É a dicção do art. 370, § 1°, CPP, imposta pela Lei 9.271/96. O Ministério Público e o defensor nomeado (dativo ou público) serão intimados pessoalmente (§ 4°).

Em se tratando de sentença, são imprescindíveis as intimações do réu e seu defensor, sem que uma exclua a outra.

As intimações são feitas, normalmente, pelo próprio escrivão, em Cartório. Podem ser feitas ainda, em audiência pelo magistrado. Grande número de atos envolvem intimação por mandado e precatória.

A Lei 9.099/95, não alterada neste tanto pela Lei 10.259/01, autoriza que, nos feitos da competência dos Juizados Especiais Criminais, a intimação seja feita por correspondência com Aviso de Recebimento (AR). As pessoas jurídicas podem ser intimadas através de recepcionistas, que serão identificados.

Observe-se as Súmulas recentes do STF a respeito do tema:

Súmula n° 155 – É relativa a nulidade do processo criminal por falta de intimação da expedição de precatória para inquirição de testemunha.

Súmula n° 707 – Constitui nulidade a falta de intimação do denunciado para oferecer contrarrazões ao recurso interposto da rejeição da denúncia, não a suprindo a nomeação de defensor dativo.

Súmula n° 708 – É nulo o julgamento da apelação se, após a manifestação nos autos da renúncia do único defensor, o réu não foi previamente intimado para constituir outro.

Assegurou-se, depois de grandes dificuldades hermenêuticas, que o prazo para recurso se inicia após a intimação do réu ou defensor, contando o prazo recursal do último deles, sendo irrelevante a ordem.

10.16. Alínea "p": no Supremo Tribunal Federal e nos Tribunais de Apelação, o *quorum* legal para julgamento

A alínea trata de assegurar, pela manutenção de *quorum* mínimo, a garantia de julgamento imparcial, diversificado, característico dos colegiados, do qual não se exclui a Corte Máxima. Tal número mínimo de Ministros em julgamentos, seja na unidade plena, seja na fragmentária, está estipulada no regimento interno do STF e dos demais tribunais.

Com a exigência, afasta-se o julgamento da decisão monocrática, realizando-se, pois, o princípio (ou objetivo) da certeza jurídica de justiça.

A inobservância encaminha à nulidade absoluta.

Observem-se os seguintes exemplos de *quorum* previsto no Regimento Interno do STF:

Art. 171. O Plenário, que se reúne com a presença da maioria absoluta dos seus membros, é dirigido pelo Presidente do Tribunal.

Parágrafo único – Quando o Plenário se reunir para apreciar e deliberar a respeito das matérias inscritas no art. 10, incisos II, IV, V, VI e VII, deste Regimento, será observado o quorum de dois terços dos membros do Tribunal.

Art. 172. A Corte Especial, que se reúne com a presença da maioria absoluta de seus membros, é dirigida pelo Presidente do Tribunal.

Parágrafo único – No julgamento de matéria constitucional, intervenção federal, ação penal originária, uniformização da jurisprudência, sumulação de jurisprudência e alteração ou cancelamento de enunciado da súmula, será exigida a presença de dois terços de seus membros

Das Sessões das Seções

Art. 176. As Seções se reúnem com a presença da maioria absoluta de seus integrantes.

Parágrafo único – No julgamento da uniformização de jurisprudência, sumulação de jurisprudência e alteração ou cancelamento de súmula, será exigida a presença de dois terços de seus membros.

Das Sessões das Turmas
Art. 179. As Turmas reúnem-se com a presença de, pelo menos, três Ministros.

Já o Superior Tribunal de Justiça prevê:

Art. 171. O Plenário, que se reúne com a presença da maioria absoluta dos seus membros, é dirigido pelo Presidente do Tribunal.

Parágrafo único – Quando o Plenário se reunir para apreciar e deliberar a respeito das matérias inscritas no art. 10, incisos II, IV, V, VI e VII, deste Regimento, será observado o quorum de dois terços dos membros do Tribunal.

Art. 172. A Corte Especial, que se reúne com a presença da maioria absoluta de seus membros, é dirigida pelo Presidente do Tribunal.

Parágrafo único – No julgamento de matéria constitucional, intervenção federal, ação penal originária, uniformização da jurisprudência, sumulação de jurisprudência e alteração ou cancelamento de enunciado da súmula, será exigida a presença de dois terços de seus membros.

Art. 176. As Seções se reúnem com a presença da maioria absoluta de seus integrantes. Parágrafo único – No julgamento da uniformização de jurisprudência, sumulação de jurisprudência e alteração ou cancelamento de súmula, será exigida a presença de dois terços de seus membros.

Art. 179. As Turmas reúnem-se com a presença de, pelo menos, três Ministros.

A matéria é tratada nos regimentos internos dos Tribunais, cujas regras costumam ser rigorosamente observadas para evitar a nulidade prevista neste segmento legal.

11. Art. 564, Inciso IV – omissão de formalidade essencial

É de lembrar que essencial é a formalidade sem a qual o ato não atingiria a sua finalidade.

Para Hélio Tornaghi, "é essencial tudo aquilo sem o qual o ato inexiste. O mais é acidente, não é substância, é apenas circunstancial".[32]

Note-se que a lei determina quais são os atos essenciais no art. 564, CPP, o que vale dizer que, em regra, os não essenciais são todos aqueles ali não elencados.

Há nulidade se o ato foi praticado sem preencher os requisitos essenciais para a sua validade. Por exemplo, a denúncia que não descreve o fato com todas as suas circunstâncias: o ato foi praticado, mas sem uma de suas formalidades essenciais. Este dispositivo é uma decorrência do princípio da instrumentalidade das formas no processo penal. Não se anula ato por violação a formalidade inócua, irrelevante.

---

[32] Op. cit. p. 302.

12. Art. 564, parágrafo único: nulidade, por deficiência dos quesitos ou respostas, e contradições entre estas

A norma contém uma impropriedade: não há como definir como deficiente a manifestação dos jurados na votação. Se houver, ela será sempre do quesito, de vez que sua resposta se limita à votação, isto é, através do depósito das cédulas na urna respectiva. E o fazem com apenas duas alternativas: sim ou não.

A lei procura assegurar que os jurados formulem perguntas adequadas à situação libelada, debates orais, incidentes processuais, inteligíveis, induvidosas, transparentes e, assim, possam responder sem a marca da perplexidade ou contradição.

Por isso, a jurisprudência recomenda uma redação simples, objetiva e clara. A norma contém uma impropriedade: não há como definir como deficiente a manifestação dos jurados na votação. Se houver, ela será sempre do quesito, de vez que sua resposta se limita à votação, isto é, através do depósito das cédulas na urna respectiva. E o fazem com apenas duas alternativas: sim ou não.

As contradições demonstram a incompreensão, insegurança ou a desatenção do jurado em torno da matéria a ser votada. Muitas vezes pode ocorrer apenas um momento de distração e, por isto mesmo, deve o magistrado, se concluir assim, renovar a votação.

Evidentemente que a omissão de quesito encaminha à nulidade do julgamento, pelo que é aplicável, neste tanto, a Súmula 156 do STF *(É absoluta a nulidade do julgamento pelo júri, por falta de quesito obrigatório)*.

No mesmo sentido, é de se estar atento à ordem dos quesitos, lembrando disposto na Súmula 162 do Pretório Excelso: É absoluta a nulidade do julgamento pelo júri, quando os quesitos da defesa não precedem aos das circunstâncias agravantes.

Importante orientação emana da afirmação de que, gerando o quesito ou quesitos perplexidade nos jurados, a nulidade pode ser proclamada mesmo sem provocação da parte prejudicada. Não prevalece em relação a ela, pela natureza absoluta, conferida jurisprudencialmente, a preclusão ocorrente com a ausência de reclamações ou protestos quando da leitura do questionário em plenário, após os debates. Neste sentido foi o que decidiu, reiterando entendimento ali pacificado, o Superior Tribunal de Justiça no Recurso Especial 151.693-PB, julgado em 18 de fevereiro de 1999 e, ainda, o Resp. 108.775-DF, publicado no Diário da Justiça da União em 3 de novembro de 1998 (podem serem citados, ainda, o HC 5.985-SP, DJU 24/02/97. No Supremo Tribunal Federal, o Recurso Extraordinário 90.134-5-RJ, publicada na Revista dos Tribunais 535/393.

13. Nota final

O sistema de nulidades, como quase todo o Código de Processo Penal, merece severa revisão para que se adapte à modernidade e às alterações havidas, inclusive conceitualmente, ao longo dos tempos.

A revisão do Código deverá passar pela reavaliação da doutrina brasileira, quase sempre negligente no trato desta matéria, revogando-se conceitos inflexíveis que as distinguem como relativas e absolutas, refletindo sobre conceitos que não se enquadram ao sistema jurídico assegurado pela Constituição Federal. É preciso que STF assuma seu papel constitucionalista e revogue as súmulas absurdas a retrato de momentos autoritários que fragilizam seu prestígio perante a sociedade brasileira.

Esta oxigenação do sistema de nulidades, visa, primordialmente, a garantir que o processo chegue ao seu fim de modo eficiente e eficaz, protegendo as partes envolvidas da repetição de atos processuais cansativos e desgastantes.

Fato é que "o direito penal e o processo penal são provas inequívocas de que o Estado-Penitência (usando a expressão de Loïc Wacquant) já tomou, ao longo da história, o corpo e a vida, os bens e a dignidade do homem. Agora, não havendo mais nada a retirar, apossa-se do tempo".[33]

---

[33] Parecer: tempo e direito. In: *Boletim do Instituto Brasileiro de Ciências Criminais* – IBCCRIM, n° 122 – Janeiro/2003, p. 669.150.

Assim, verificada a nulidade, cuja declaração resulta da necessidade de repetição ou não do ato processual, vê-se o Estado apossando-se indevidamente do tempo do particular além de estar comprometendo a celeridade processual, erigida, hoje, em preceito constitucional (art. 5º, LXXVIII: *a todos, no âmbito judicial e administrativo, são assegurados a razoável duração do processo e os meios que garantam a celeridade de sua tramitação*).

Bibliografia

BADARÓ, Gustavo Henrique. *Direito Processual Penal*, Tomo II, Rio de Janeiro: Elsevier, 2007.

BINDER, Alberto M. *Descumprimento das formas processuais*. Rio de Janeiro: Lumen Juris, 2003.

CARNELUTTI, Francesco. *Lições sobre o Processo Penal*. São Paulo: Bookseller, 2004.

———. *Leciones sobre el Processo Penal*. Buenos Aires: Bosch, 1950.

CHOUKR, Fauzi Hassan. *Código de Processo Penal – Comentários Consolidados e Crítica Jurisprudencial*. Rio de Janeiro: Lumen Juris, 2009.

DESIMONI, Luis María; TARANTINI, Ricardo Santiago. *La nulidad en el proceso penal*. Buenos Aires: Depalma, 1998.

DICIONÁRIO AURÉLIO. Sec. XXI, 3.0. Versão eletrônica.

ENCICLOPÉDIA JURÍDICA SOIBELMANN. Edição eletrônica.

ESPÍNOLA FILHO, Eduardo. *Código de Processo Penal Anotado*. Rio de Janeiro: Ed. Rio, 1980.

FARIA. Bento de. *Código de Processo Penal*, 1º vol., 2ª ed. Rio de Janeiro: Record, 1942.

FERNANDES, Paulo Sérgio Leite; FERNANDES, Geórgia Bajer. *Nulidades no Processo Penal*. São Paulo: RT, 1993.

GRINOVER, Ada Pellegrini; FERNANDES, Antonio Scarance; GOMES FILHO, Antonio Magalhães. *As Nulidades no Processo Penal*, São Paulo: RT, 2004

IBCCRIM – *Boletim do Instituto Brasileiro de Ciências Criminais* –, nº 122 – Janeiro/2003, p. 669.150.

LEONE, Giovani. *Tratado de derecho procesal penal*. Buenos Ayres: EJEA, 1963.

LOPES JÚNIOR, Aury. *Direito processual penal e sua conformidade constitucional*. v. 2. Rio de Janeiro: Lumen Juris, 2009.

MARQUES, José Frederico. *Tratado de Direito Processual Penal*. São Paulo: Saraiva, 1980.

MIRABETE, Julio Fabbrini. *Código de Processo Penal Interpretado*. São Paulo: Atlas, 2000.

NORONHA, Edgar Magalhães. *Curso de direito processual penal*. São Paulo: Saraiva, 1989.

NUCCI, Guilherme de Souza. *Código de Processo Penal Comentado*. São Paulo: RT, 2005.

OLIVEIRA, Eugenio Pacelli de. *Curso de Processo Penal*. 11. ed. Rio de Janeiro: Lumens Juris. 2009.

ROSA, Inocêncio Borges da. *Comentários ao Código de Processo Penal*. São Paulo: RT, 1982.

TORNAGHI, Hélio Bastos. *Curso de Processo Penal*. 2 ed. São Paulo: Saraiva, 1981.

TOURINHO FILHO, Fernando da Costa. *Processo Penal*. 17. ed. São Paulo: Saraiva, 1986.

TOVO, Paulo Cláudio. Nulidades No Processo Penal Brasileiro – Novo Enfoque e Comentário. Porto Alegre: Sergio Fabris, 1988.